「よそ者リーダー」の教科書

吉野 哲

ダイヤモンド社

はじめに　「アウェーのリーダー」は何をすべきか

「○○会社から、事業再建のためのトップとして、あなたにオファーが来ています」
「事業部長として、買収した関連会社への出向を命ずる」
「次の異動では、○○支社の支社長を引き受けてくれないか」
「息子が成長するまで、あなたに会社の経営を託したい」

ある日突然、組織のトップになる。リーダーを任される――。
ビジネスの世界ではこうした事態がしばしば起こります。その事情もさまざまで、慣れ親しんだ組織内での指名や昇格、抜擢もあれば、中には、

- **転職やヘッドハンティングなどで、他の会社へ招聘**
- **子会社・関連会社への出向や転籍**
- **支社・支店への転勤**

といった、すでに人間関係や風土、文化ができ上がっている **〝アウェー〟のコミュニティ（会社組織）に送り込まれ、そこで「外から来た〝よそ者〟」の立場で、いきなりリーダーを任されるケース**も少なくありません。事業の再編やＭ＆Ａも増える今、こうした形でのリーダー就任が増えています。

リーダーに指名される。社長を任される。それ自体はビジネスパーソンにとって非常に魅力的な出来事でしょう。

特にベンチャー志向の強い人や、また自分の経営手腕への絶対的な自信を持つ人、真のカリスマ的リーダーや自称カリスマリーダーにとっては、絶好のチャンスと考え、ふたつ返事で引き受けることもあるでしょう。

しかし、すべてのビジネスパーソンがそうかと問われたら、どうでしょうか。

誰もがみな、起業を目指しているわけでも、リーダーとして天賦の才を与えられているわけでも、ＭＢＡを取得し経営者になることを望んでいるわけでもありません。

むしろ圧倒的多数は、カリスマ性やＭＢＡとは無縁の、「普通の人」なのです。

そのような〝凡人ビジネスパーソン〟にとって、「社長をやってくれ」「リーダーとして組織をまとめてくれ」という突然のミッションは、実は期待や喜び以上に不安や戸惑い、プレッシャーに直面させられる、ある意味**「緊急事態」**です。
望むと望まざるとにかかわらず、**孤立無援の新天地でのリーダー**を引き受けなければならない。生え抜きのエリートではない、〝よそ者〟として組織をまとめなければならない。

そうした状況に置かれたとき、いったい何を考え、どう行動すべきなのか。何を意識し、どう対応すればいいのか――。

圧倒的多数の私たちが〝よそ者リーダー〟を引き受けざるをえない状況に立たされたとき、心得ておくべきことをお伝えしたいと思って書いたのが、本書です。

■「よそ者」「凡人」「門外漢」という悪条件で組織を率いる

その前に――。

なぜ私が〝よそ者リーダー〟の心得を語ろうという思いに立ち至ったのかをお話しするべきですね（というわけで、経歴を少しご紹介します）。

私自身は大学卒業後、大手百貨店に就職しました。元々経営に関わる仕事がしたいという希望があり、30代後半から子会社のファイナンス会社で経営企画の担当課長を経験、そこではじめて会社経営というものに関わりました。

40歳を前に当時の仲間と一緒に新たな事業を立ち上げることを考え、その後新卒で入社した会社を退職し、事業会社の出資のもとで、イチから新規事業会社の立ち上げを行いました。

さらに4年後には、縁があり当時注目を集めていた再建中の企業の経営に参画し、翌年より10年間トップに就くという貴重な機会を得ました。その後も一部上場企業の社外取締役やオーナー企業グループの経営などに携わり、現在も企業経営の現場で日々四苦八苦しています。

こうした経歴からもわかるように、私自身、凡人でありながら**常に〝よそ者リーダー〟というスタンスで会社経営に携わってきました**。そして2021年も新たな会社で現在進行形の〝よそ者リーダー〟を務めているわけです。

企業の再建や問題解決の実績を評価され、今ではさまざまな会社から「経営陣に」とオファーをいただくこともありますが、正直言って、いまだ失敗や試行錯誤の連続。経営者としては模索中の身で、これまでのキャリアも、「失敗し、反省し、そこから学ぶ」の繰り返しのようなものです。

幸運にも赴《おもむ》いた先々の会社で成果を上げたこともありましたが、それとて数多くの手痛い失敗と、そこから得た貴重な学びがあったからこそだと思っています。

しかしながら、まったくのアウェーで、時には自分の専門外の会社で、**「よそ者」「凡人」「門外漢（素人）」という悪条件を背負いながら、組織を率いることの難しさを、身をもって経験してきた**という自負はあります。

天賦の才能と個性を兼ね備えたカリスマ、ＭＢＡ取得者やコンサルティング会社出身など豊富な知識と経験を持つ切れ者、大企業の出世頭——そんな優れた才を持って企業のトップに就いている方々を見るにつけ、「凡人」の自分に何ができるのだろうと不安を覚えることもありました。

しかし、恵まれた才能があってもそれを事業運営に活かせず、あえて厳しい言い方をすれば、凡人並みの経営すらできないまま消えていく人も少なくありません。

逆に私と同じように（失礼）、ごく普通のキャリアと実績しか持たない「凡人」の中に、見事な経営手腕で成功を収めている方が大勢います。

一見**地味で目立たないリーダーシップの中に、組織を良い方向へ導くヒントが隠されている**。凡人には凡人としての経営のポイントがあり、そこに成功の芽がある。

そうした「凡人経営者の仲間」との交流から得た多くの学びも、私にとって貴重な財産になっています。

私もこれまで、経営理論やマーケティングの本を読み漁ったり、学生時代のテキストを振り返ったり勉強会に参加をしたりもしました。しかし今振り返ると、もっと実践的なノウハウを学んでおくべきだったと思っています。

だからこそ、同じような立場に悩み、不安やプレッシャーを抱えながらトップとして経営の舵を取ることになったみなさんに、実際の現場で役に立つアドバイスがしたいと考えました。

私が積み重ねてきた数々の経験や失敗、接してきた経営者仲間の姿——カリスマの成功譚《たん》やビジネススクールでは学べない**「凡人リーダーの、よそ者リーダーの、現場での経験知」**を何かしらの参考にしていただきたく、僭越ながら本書の出版を決意したのです。

■今の組織には〝よそ者〟が必要だ

本書のタイトルにもある〝よそ者〟という言葉に、ネガティブな印象を受ける人もいるかも知れません。

しかし、必ずしもそうではありません。

例えば、地方創生や地域の活性化の取り組みには、「よそ者・ばか者・若者が必要」と言われています。よそから来た人だからこそ、古いしきたりやしがらみとは無縁で、地元住民にはないフラットな視点で物事を捉えられる。既成概念や固定観念に縛られずに行動できるというわけです。そしてそれは、ビジネスの世界も同じ。

既存のコミュニティに後から参加する〝よそ者〟の立場は、たしかにハンディにもなりますが、それ以上に、生え抜きにはできない**抜本的なイノベーションが可能という大きなアドバンテージがある**のです。

考えてみれば今の時代、**ほとんどの人が〝よそ者〟**と言っても過言ではありません。新卒入社の3年目までの離職率は3割を超えていると言われ、人材の流動化は進む一方です。またM&Aや経営統合、事業売却といったさまざまな事業再編によって、企業も目まぐるしくその形を変えています。

新卒から長年勤めてきた会社がある日突然合併になり、いつものように出社したら自分は〝よそ者〟になっていた——なんてことも十分に起こりえます。そう考えると、**突然〝よそ者リーダー〟としてアウェーの現場を任されるといった事態は、誰にとっても他人事ではなくなっている**のです。

■よそ者の「強み」をマネジメントに活かす

ひとつ、確実に言えるのは、

〝よそ者〟には〝よそ者〟にしかない強みがあり、メリットがある

ということ。そして何よりも重要なのは、

どうすれば、どういう意識で臨めば〝よそ者〟の強みを活かし、〝よそ者〟ならではのイノベーションを生み出すことができるか

という「よそ者ゆえの方法論」を知ることです。

本書では、私がこれまでの経験から得たその方法論、**〝よそ者リーダー〟の心得であり、思考法であり、マネジメントであり、実務における注意点**を、できるかぎり具体的に、失敗談も織り交ぜながらまとめました。

本書内では〝よそ者社長〟という立場での心得についての記述が多くなっていますが、その根底にあるエッセンスは、役員や事業部長、管理職、プロジェクト長など、**すべてのリーダーに共通**しています。

また、出向や転勤だけでなく、

「人事異動で専門外のセクション長になった」

「社内の新規事業プロジェクトを取りまとめることになった」

「新規店舗のリーダーとして、アルバイトさんやパートさんを束ねることに」

「男性比率が圧倒的に高い職場に女性リーダーとして着任した」

といった、**同じ組織内であっても〝よそ者〟感を覚えるケース**も増えています。

そうした意味でも、社長やリーダーを任された人だけでなく、組織に身を置くすべてのビジネスパーソンに、本書で紹介する**〝よそ者〟の仕事の本質**を、ぜひ参考にしていただきたく思っています。

目次

心構え2　「謙虚さ」を武器にする

心構え3　「バランス感覚」を何より大切に

第2章 「よそ者リーダー」3つのマネジメント

その1 「人材洞察」マネジメント――人を見極め、動かし、まとめる

第3章

「よそ者リーダー」の実務——着任後100日までの仕事

着任までに——基本情報を予習する

第1章

「よそ者リーダー」3つの心構え

心構え1

意思決定は「一人称」で行う

立場に浮かれず、覚悟を決める

「社長」とは言うまでもなく会社の代表者として、会社に関するあらゆる意思決定を行い、結果として発生するすべてのリスクと責任を負う立場、つまり**「最終的な意思決定者」**であり、**「最高責任者」**です。

「社長になる」とは、その言葉の通り、自分で会社を切り盛りできる権限を得ると同時に、すべての経営責任を一身に背負う役回りを担うことでもあるのです。

従業員に対する責任、経営方針や業績に対する責任、顧客や取引先などステークホルダーに対する責任、社会に対する責任――。これらを果たすには1日24時間、四六時中会社のことを最優先に考え、会社のために行動しなければなりません。

そのような要職であるがゆえに、「社長」のポジションを生え抜きでも決められていた後継者でもない〝よそ者〟が任されたと、自分の能力が高く評価されたと思って喜び、「ついに社長のオファーが来た」「社長になれる」と舞い上がってしまう人も中にはいます。

もちろん、到底浮かれてなどいられない状況で、社長を引き継ぐこともありますが、それでもビジネスパーソンとして組織を動かすトップに立つのは気分がいいもの。しかも「あなたの力が必要だ」「ぜひ」と請われて着任するような場合は、なおさらその傾向が強いでしょう。

その気持ちもわからないではないのですが、テンションの上げすぎは禁物。浮足立ってしまうと社長業のプラスの側面にしか目が行かず、**いちばん重要な「責任」が見えなくなる恐れがある**のです。

「社長を――」

実際、その響きに喜びが先立ち、「やることはわかっている。あれこれやってやろう」と、状況を楽観視したまま引き受けてしまった結果、相当に苦労したというケースをいくつも見てきました。

中には、お金を稼ぐことや自身のキャリアアップだけを目的にし、自分が去った後のことは知らない、といった考えが見え隠れする経営者もいましたが、そういった人が関わった企業は、決して安定した事業運営には至りませんでした。

社長を引き受けるのなら生半可な気持ちは禁物だということは、みなさんも十分に理解されていると思います。

これまで事業部長やプロジェクトリーダーなど、組織の責任者の経験は豊富だから大丈夫。リーダーとして組織を束ね、まとめ、責任を持つことなど言われずともわかっている、という声もあるかもしれません。


しかし、**社長という立場は、企業内リーダーとはまったく別のものです。**

副社長や役員といったナンバー2や管理職などの企業内リーダーも、相応の責任を担ってはいます。しかし、まだ〝自分より上〟や〝自分の後ろ〟には誰かがいます。自分の手の及ばない範囲の責任、自分には手に負えない責任を、代わりに取ってくれる人がいる立場なのです。

会社経営に関わるすべての責任を負うのが社長。上を見ても、後ろを向いても誰もいません。その**「責任」の意味は大きく違ってきます**。そこで判断を誤れば会社の存続そのものが危ぶまれる事態に直結してしまうのですから。

自分の判断ひとつ、決断ひとつが、従業員だけでなく会社に関わるすべての人の仕事や生活を左右する。その課せられた使命の大きさ、責任の重さゆえに、社長は「生半可」な気持ちでは務まらないのです。

会社を継続発展させ、
ステークホルダーそして社会のために
何をするのか？
何ができるのか？
このことを、ひたすら考え抜く。

それがトップである社長の仕事です。

そもそも社長として会社を経営すること自体、できないことや思い通りに進まないことのほうが多いもの。何千人に一人のカリスマ経営者ならいざ知らず、ごく普通の〝凡人〟には非常にハードなミッションなのです。外部から乗り込む〝よそ者〟として経営再建を任されるようなケースならばなおさらでしょう。

会社と会社に関わる人へのすべての責任を双肩に担うことになる。だからこそ、**た**

とえ**「期限付きの出向」「期間の限られた委任契約」**だとしても、気持ちの上では骨を埋めるつもりで、**退路をすべて断ち切って全身全霊で責任を全うするくらいの強靭な覚悟と決意**が必要になります。

そして**「自分にできるのか」「無理じゃないかな」**など、**その責任を負うことに少しでも〝迷い〟が生じるのであれば、そのミッションは辞退するべき**でしょう。

社長という言葉の響きに惑わされて冷静さを失わず、浮足立たず、課せられた責任の重さを知り、覚悟を決めてそれを背負っていく。

カリスマではない普通の人にとって、「社長になる」とはそういうことなのです。

覚悟と決意、これらは社長に限らず、**「リーダー」という役割を引き受けた人たちすべてに求められるもの**です。

「よそ者リーダー」の心得

01

今日から自分が「最終的な意思決定者」であり、「最高責任者」と心得ること。

心構え１

意思決定は「一人称」で行う

初日あいさつで「本気度」を伝える

「経営再建を託されて社長として出向してきました。早ければ2年、長くても3年で本社に戻ろうと思っています」

これは私が知り合いのビジネスパーソンから聞いた、ある会社での新社長の着任あいさつでの言葉です。本人は「他意はない。事実を述べただけ」とのことでした。

しかし、社長着任のあいさつとしては、大失言と言っていいでしょう。

案の定、従業員たちは〝ドン引き〟し、その場が一瞬でシラケた空気に包まれていったそうです。

「来た日に、帰る日のことを言うなよ」――そのような声が聞こえてきそうだったと。

従業員たちは、よそからやって来た新しい社長の最初の一言を、不安と期待が入り混じった感情とともに聞いています。

この人は何をどう考えているのか。
この人に会社を預けて大丈夫なのか。
経営者として信頼できる人なのか。

会社の経営が厳しい状況下なら、なおさら〝本気度〟を伝えてほしいと思っているでしょう。

〝よそ者社長〟にとっての最初のあいさつは、単なる「自己紹介」ではありません。覚悟と決意の表明です。「社長としての覚悟と決意」を、そして「自分は〝よそ者〟ではなく、この会社の一員」という肚《はら》を括《くく》った姿勢を示すものです。

だからこそ、のっけから「いずれ本社に戻る」などと言い出すのは絶対にNGです。着任早々「腰かけのつもり」「早く本社に帰りたい」といった消極的な姿勢を見せるリーダーになど、誰もついていかないでしょう。

本当は来たくないのに、社命だから仕方なく来た――こんな後ろ向きの気持ちが伝わってしまうのは、着任する本人と迎える従業員、どちらにとっても不幸です。

この人は、本気で会社をよくしようとは、考えていないんじゃないか。しょせんは〝よそ者〟だから、この会社のことも他人事なのだろうな。

心は言葉に表れます。覚悟がある人の言葉にはその決意の程が、覚悟のない人の言葉には他人事的な気持ちが、自然とにじみ出てくるもの。

たとえ本意ではない親会社の人事であっても、期間限定でいずれ離れることが決まっていても、社長を引き受ける以上は、**会社に対して他人事のような言葉を発するべきではありません。**冒頭のあいさつを「信じられない！」と思った方は、正常な感覚をお持ちです。しかし、実際にこのような「腰かけ社長です」と公言するような人は、驚くほどたくさんいるのです。

さすがに着任のあいさつで口走ることはないという人でも、言葉の端々から本音がこぼれ落ちるケースはあります。

例えば着任後、自分の会社のことを「**この**会社」と呼ぶ人がいます。

社外の人との会話で、

「**この**会社は○○ができていないんです」

「だから**この**会社は○○なんです」

時には社内でも、

「**この**会社は何でこうなんだ」

リーダーとして避けなければいけない表現です。

「**この**会社」を耳にした従業員は、「社長は会社をキャリアアップのステップとしてしか見ていない」「社長にとって会社は他人事だ」と感じてしまい、従業員も「**この**社長は味方ではない」と距離を置いてしまいます。

言葉は、発する人の心を形にしたもの。

だから、**本気の覚悟と決意が伝わる言葉で話す。アウェーでの社長業はそこから始まります。**

「よそ者リーダー」の心得

02

着任あいさつで、「社長としての覚悟と決意」を従業員に伝える。「この会社」など、他人事のように聞こえる表現は避けること。

心構え１

意思決定は「一人称」で行う

〝よそ者〟だからこそ「一人称」で話す

ひとたび経営が始まれば、社長としての経営方針やビジョンを示して指揮をとっていくことになります。

ただ、外部からの登用や出向といった〝雇われ（のよそ者）社長〟の場合、親会社や出資者、オーナーなど、自分より上の立場の〝お偉いさん〟から何やかんや注文がついて、自社の経営方針から日々の意思決定に至るまで変更を迫られることもあります。

そうしたときに相手の顔色をうかがうばかりで「親会社の希望なら」と、すべて言われるがまま聞き入れてしまう――。そのような覚悟のない、**上の言いなりの〝御用社長〟**では**「やっぱりよその人」**となって、社内での人望は望めません。

外部からの声は何でもかんでも突っぱねろ、と言っているわけではありません。大事なのは**しっかり議論すること**です。そして先方の言い分が理に適っているのなら、謙虚に注文を受け入れて変更も検討するべきでしょう。

しかし、こちらに理があって相手が無理な注文をしている場合には、会社の代表として親会社や出資者と意見をすり合わせ、**時には〝闘う〟ことも必要**になります。

私が、かつてある会社の社長を任されていたときの話です。ビジネス上の事情によって、その会社の親会社が変わることになりました。当初、新しい親会社の経営トップは、「この会社の経営は吉野さんに任せたのだから、独自のビジョンと方針を大事にしてくれればいい」というスタンスでした。

ところが、しばらくすると担当事業部長や担当部長が出てきて、「やはりこの商売は関連会社を通してほしい」「これはここから調達してほしい」と、こちらの経営方針や事業の進め方に対して、さまざまな要請や注文を出してきたのです。

「最初とは話が違う」と思いながらも、かなり強い要請で検討せざるをえないとき、私は**大前提として「その変更要請は、本当にわが社のためになることなのか」を基準にして対応しました**。

この会社のプラスになることならば、受け入れることは、やぶさかではありません。しかし、**親会社やファンドには都合がよくても、わが社に不利益になるようなこ**

とや、その時点での自社の体力では対応が難しい要請については、理由をはっきり告げて断りました。

こんなことを言えば、親会社や出資者の中で「あいつは融通がきかない」「反抗的で言うことを聞かない」と思われ、今後の関係性にしこりが残るかもしれない。そのような不安がまったくなかったわけではありません。

それでも肚を括って、できないことは「できない」と主張しました。

それが**会社の経営を任された「社長としての覚悟」**だという思いがあったからです。

とはいえ時には押し切られて要請を聞き入れ、仕事の進め方や方針、ビジョンをやむなく変更せざるをえなくなったことも、ゼロではありませんでした（こうしたケースへの対応については243ページをお読みください）。

しかしそうした場合でも、社内に経営方針の変更を説明するときには、

「親会社やオーナーから『やれ』と言われた以上、断われない」

「出資者からの要望は無視できない」

というように、「上から言われたから変える」のではなく、

「局面が変わってきたので、〝私が〟社長判断としてビジョンを変える」

のように、**あくまで「自分の意思で決めた」と言いました**。

自分は反対だが、上から押し付けられて仕方なく――。たとえそれが事実であっても、議論をした上で受けたからには、**ノットアグリー・バット・コミットメント（決定に賛成はできないが、実行については約束する）**のスタンスと、「すべての結果責任は自分に帰結する」という**当事者意識**で経営に向き合う。

雇われであったとしても、「親会社が」「オーナーが」「出資者が」ではなく、**「私が」「自分が」という一人称の立場と言葉ですべての意思決定を行う。**

〝よそ者社長〟の姿勢とはそうあるべきだと思うのです。

「よそ者リーダー」の心得

03

「親会社が」「オーナーが」「出資者が」は一切口にしない。
いつでも「わが社」「私」を主語にして話す。

心構え1

意思決定は「一人称」で行う

新天地で求められる「イノベーション」への覚悟

新しい社長、特に外部からやって来た新社長が一身に背負っているもの、それは**「イノベーションへの期待」**です。経営再建や事業の立て直しというミッションを果たすためには、既存事業の健全化だけでなく、会社の事業資質を活かした「イノベーション」が求められます。

イノベーティブな組織編成、イノベーティブな人材活用、イノベーティブな商品開発――。新しい経営者は、送り出した親会社や株主だけでなく、迎え入れる側の従業員からも「何かを変えてくれる」「新風を吹き込んでくれる」ことを期待されているのです。

進路を見失いそうな船にとって、船頭を代えることは新しい航路へと舵を切り直すための最有力手段です。

新しい船頭を迎えた船乗りたちが、これまでとは違う舵取り＝既存にとらわれないイノベーションを望むのは当然のこと。新たな経営者にとって「現状を変えるイノベーション」の遂行は、上からも下からも（親会社からも、従業員からも）求められる、果たすべき重要ミッションになります。

しかし新天地に赴いて早々に「従来のルール」や「様式」を変えたり、新しい行動を起こしたりするのは、決してたやすいことではありません。

今までにないチャレンジには当然、相応のリスクが伴います。１００％成功するイノベーションなどありえませんし、新しさを追求した取り組みが必ずしもプラスの成果に結びつくとは限りません。

そもそもイノベーションとは、従来のシステムや価値観などを「なしにする」こと。**既存の枠組みをつぶして再構築する**ことです。

大ナタを振るって「すでにでき上がっているもの、長く慣れ親しんだもの」をいったんすべてリセットする――。イノベーションを期待されている新しい経営者は同時に、そのリスクとも向き合うことになるのです。

また、多くの人が変化や改革を求めているとはいえ、どんな組織にも一定数、「変わること」を拒む〝抵抗勢力〟は必ず存在します。特に外部から来た〝よそ者社長〟に対しては「この会社のことを何も知らない人に、好き勝手に会社をいじくり回されるのは御免だ」といった感情による反発が生まれる可能性もあります。

それでも強い意志を持って、変えるべきは変え、やめるべきはやめ、残すべきは残す。イノベーションへの期待と変化への反発――。経営再建のためのイノベーションを推進するには、**従業員の中に生じるこうした相反する感情に対しても冷静なバランス感覚をもって対峙する**必要があります。

そのときに求められるのも、やはり**「この会社に骨を埋めるつもり」「この会社のことはすべて自分ごと」という経営者としての覚悟**です。経営者が〝本気の姿勢〟を見せてこそ、従業員にもイノベーションへの意識が浸透し、**ともに相応のリスクを背負う覚悟**が生まれてくるのです。

「よそ者リーダー」の心得

04

「イノベーション」は新任社長の重要ミッション。覚悟と勇気を持って「既存の仕組み」をリセットする。

心構え1

意思決定は「一人称」で行う

「焦るな、危険」。スピード重視の落とし穴

閉塞した組織に新風を吹き込むこと——自分が背負っているミッションや期待を理解している人ほど、その取り組みが〝オーバースピード〟になりがちです。

しかし、**焦りは禁物**。

特に出向や外部からの派遣で着任する〝よそ者社長〟によくあるのが、

「社長を任せられた期待に応えなければ、申しわけない」

「できるだけ早く結果を出さないと、失望される」

と、気がはやって功を焦り、アクセルを踏みすぎる。よくあるケースです。

もちろん経営トップにとって、スピーディーに仕事をするという意識、アクセルを踏むべきときは機を逃さず、一気呵成に推し進める姿勢は非常に重要です。ファンド

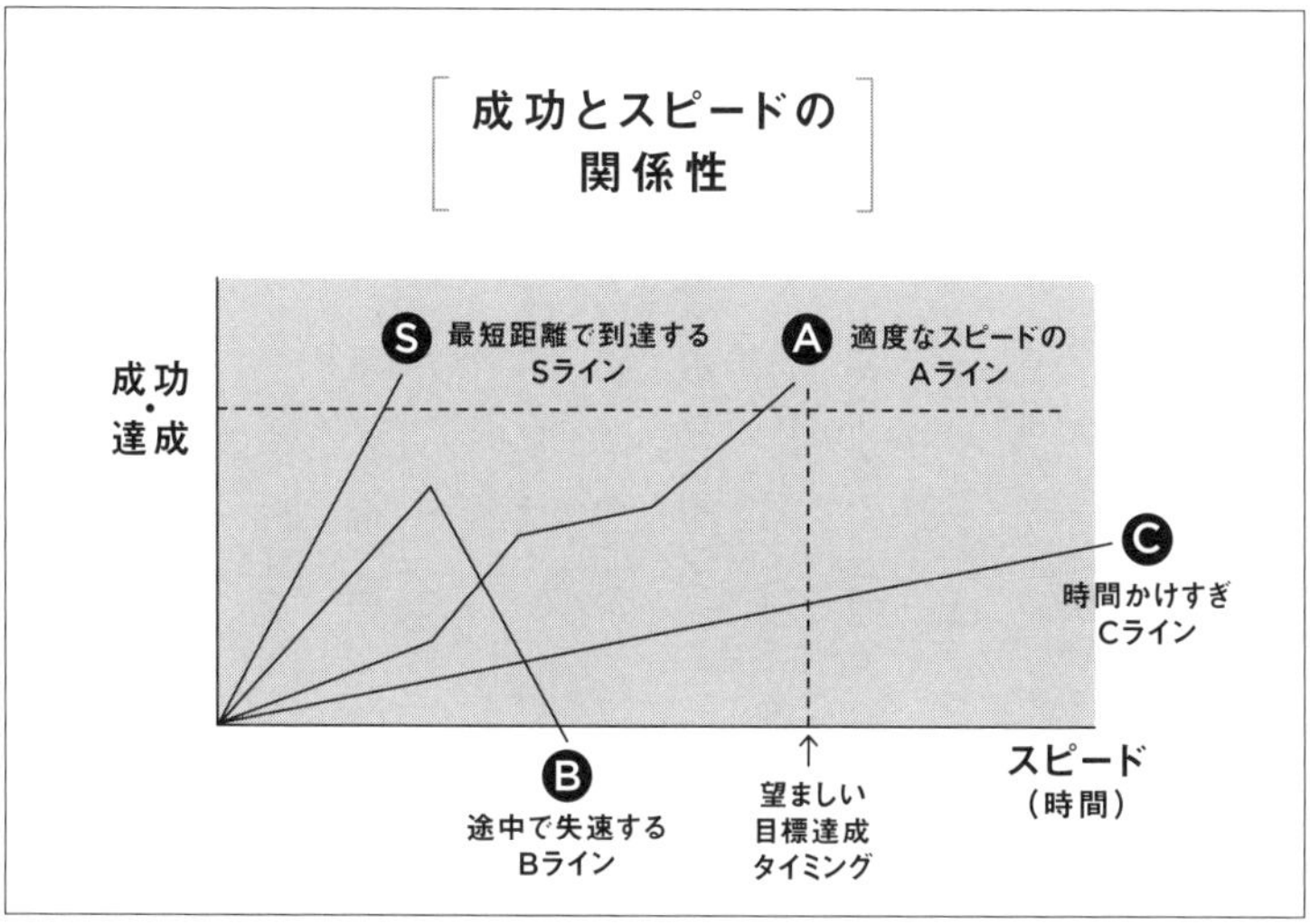

や親会社から再建を託されている場合は、「早く成果を出せ」とせっつかれることもあるでしょう。

しかし、ただただスピードを出すことばかり意識しすぎると、大きくつまずいて転倒する、失速してエンストする、進むべき道を間違える、途中で息切れして立ち往生するといったリスクがあることも、認識しておかなければなりません。

スピード感の過剰な重視。スピード感の欠如。ともに経営にとってマイナスに働きます。重要なのは、やはりバランスなのです。

図を見てください。

「取り組みの成功度合い」を縦軸に、**「取り組み時間の経過」**を横軸にして**成功とスピードの関係性**を表しています。

最短距離で到達するSライン：最初から思い切りアクセルを踏み、トップスピードで一気に成功まで最短距離で到達するケース。いちばん理想的なのですが、これが可能なのは余程の幸運や巡り合わせに恵まれるか、ひと握りの天才的なカリスマの仕事くらいでしょう。

適度なスピードのAライン：適度なスピードと、時に修正を入れながらＰＤＣＡをしっかり回し早期に成功に結び付ける、理想のパターン。**目指すべきはここ**です。

途中で失速するBライン：こちらはSライン同様に、最初からトップスピードで飛ばすのですが、途中で失速して失敗するケース。飛行機が離陸時に上昇角度を大きく取りすぎると失速するのと似ています。功を焦りすぎたり、過信したりして、現場の遂行能力を無視して一人で暴走する社長が、陥りやすいパターンです。

トップが暴走するがゆえに、走りながらさまざまな問題が起きてくるのですが、その処理は部下に任せきり。そしてうまく対応できないと、部下の不手際や能力不足のせいにし、やむなく自ら処理すると、今度は自分の力を誇示する。これが**最悪のケース**です。

「そもそも社長があんな無茶な進め方をしなければ起きなかった事故なのに……」と現場がこう感じる「マッチポンプ型」になると、もはや組織は機能不全となります。

時間かけすぎCライン：リスクを恐れて慎重になりすぎ、時間をかけすぎてしまい、なかなか成功に到達しないケースです。「この問題は対応しながら進めよう」と、社長自ら「走りながら考える」と意思決定したはずなのに、心配になって「あれはどうなっている？」「これはどうした？」と、いちいち現場に聞いてくる。質問や確認が途切れたため、現場は「これで進めるな」と思ったら、今度は「そもそも大前提として、これは進めるのか？」と言い出す。これで案件は振り出しに……。ここまでくると**もはやスピード以前の問題**ですが、管理部門出身の人間が子会社社長になった際に、時々見受けられたパターンです。

この図からも、**「スピードと成功は必ずしも比例しない」「大事なのは自分の力量と会社の状態を十分に把握した上での適切なスピード」**であることがわかるでしょう。

「よそ者リーダー」の心得

05

早く結果を出したいからと「スピード出しすぎ」には注意を。「適度なスピード」がイノベーションの成功をもたらす。

心構え1

意思決定は「一人称」で行う

正しい「フォーム」で走れているか？

最適なバランスを取りながらスピードを上げるには、その会社の「戦略立案能力」と「業務遂行能力」を見極めていく必要があります。

これを、人のランニングフォームにおける「頭（戦略立案能力）」と「体（業務遂行能力）」のバランスに置き換えて考えてみましょう。

頭でっかちのAさん：走るときに、「頭ばかりが先に出るけれど、脚力が追いつかない」というバランスの悪い超・前傾姿勢ではスムーズに走れず、つまずいて転ぶこともあります。

会社経営でいえば、戦略立案能力を過信して、その戦略をこなせる業務遂行能力が整っていないのに走り出してしまう**「頭でっかちの経営」**に起こりがちなケースです。

「頭（戦略立案能力）」と
「体（業務遂行能力）」のバランス

頭と体のバランスが
取れたCさん
体でっかちの
Bさん
頭でっかちの
Aさん
やや前傾姿勢で
スピードが出やすい
どちらもバランスが悪く、
なかなか前進できない

ＭＢＡなどの資格を取得し、豊富な知識を武器に上から目線の〝あるべき論〟ですべて押し通してしまう。あるいは大会社から出向してきて、それまでの大組織の論理をそのままあてはめて、**現場掌握が不十分なまま戦略を立て進めてしまうケース**。

「すばらしい戦略」が一向に進まず、リーダーは現場の能力不足を嘆くばかりで、会社の一体感をも失ってしまう――。残念ながら企業再生の場面でよく見かける光景でした。

体でっかちのBさん：「足ばかり前に進もうとして、頭がついてこない」という、上体が反り返ったような姿勢もバランスが悪く、なかなか前進できないでしょう。

会社経営でいえば、業務遂行能力にものを言わせて、経営戦略の構築もそこそこに走り出してしまう**「思慮の浅い経営」**になってしまうケースです。

営業網や生産設備が比較的しっかりしている企業を任された場合、「この資質をオレが活かせば、結果はすぐ出る」と考え、現場も「ともかくこの社長と一緒に前を向いて走るしかない」と走り出す。勢いはあるものの数字が伴わない、動いているはずなのに一向に問題が解決しない。**事業を継承した社長が陥りがち**なパターンです。

頭と体のバランスが取れたCさん：自然に体勢が安定し、もっともスピードが出やすく、**体への負担が少なくて体力が温存できる「やや前傾姿勢」のランニングフォーム**。短距離走はもちろん、中長距離を走る上でも有効です。

自分の脚力（業務遂行能力）を自覚して認め、それに見合ったペース配分（戦略）を構築した上で、その配分でスピード感も意識しながら走る（経営に取り組む）。これは会社全体の事業運営だけでなく、個別の戦略、例えば営業体制を見直す、ＥＣ事業を立ち上げる、新たなカテゴリーに進出する、といった場合でも同様です。

会社経営も、功を焦らず、自身を過信せず、こうした**「やや前傾姿勢」で取り組みたい**もの。今推し進めている事業は、果たしてバランスのよい前傾姿勢で進めることができているか、その「フォーム」を見直してみましょう。

ＭＢＡなどで学んだ経営理念が、なぜ実践できないのか、なぜ実業に活かせないのか。その原因は、「適度なスピード」を保ち、**「戦略立案能力」**と**「業務遂行能力」**のバランスが取れているかどうかにあります。頭ばかりが前でも、足ばかりが前でも、うまく走れない。

戦略立案能力ばかり重視しても、業務遂行能力に頼りすぎても、成果は出ない。やはり人間の体にも会社の経営にも、**バランス感覚が不可欠**なのです。あらためて確認していただければと思います。

「よそ者リーダー」の心得

06

早く事業を進める際には「フォーム」も大事。
頭と体のバランスが取れた「やや前傾姿勢」で走る。

心構え1

意思決定は「一人称」で行う

「跡継ぎ社長」も〝よそ者〟扱いされることがある

任される、託される、社内で登り詰めるといったプロセス以外で社長の〝お鉢が回ってくる〟状況に、オーナー企業での**「親族内の事業承継」**、いわゆる二代目、ジュニアというパターンがあります。

先代の経営者が自分の親族（子供や配偶者、兄弟姉妹、親戚など）なのですから、その身内レベルや生え抜き度合いは最上級で、あたかも〝よそ者社長〟とは対極の立場のように思えるでしょう。

ところが、**そうでもない**のです。

もちろん、会社全体がもろ手を挙げて「二代目社長、大歓迎！」という状況ならば何の問題もありません。しかし現実は、そううまくいくケースばかりではないもの。なまじ先代の身内だからこそ、体感的な〝よそ者〟度合いが高くなってしまうことも決して少なくないのです。

そうした事態を招く要因はいくつかありますが、よく見られるのが「先代と比較され、後継者としての資質を不安視されている」ケースです。

特に経営トップに立つ能力も人望もないのに「身内だから、跡取りだから」というだけで事業承継してしまった社長は、ほかの経営陣にとって扱いが難しいもの。

心の中で「まだ半人前」と思いながら、意見したくても注意したくても遠慮して言いたいことが言えず、腫れ物に触るように気をつかう――。まさに**〝お客さん〟として扱われる〝よそ者〟的存在**になってしまいます。

もちろん、社長側にも言い分はあるでしょう。

誰もが前向きな気持ちで引き継ぎ、根回しなどが万端整った状態で、「晴れてバトンタッチ」というわけではありません。親の急逝などで心の準備も覚悟もないまま突然に担ぎ上げられる人、子供の頃から決められたレールに乗せられ、不本意ながら渋々跡を継がされる人など、事情はさまざま。

「自分が望んで社長になるわけじゃない」

「他にやりたい仕事があるけど、親には逆らえない」

「経営能力がないのはわかっているけど、仕方がない」

こうした思いを抱えたまま、渋々社長を継がなければならない人もいるはずです。

しかし境遇を嘆くばかりの社長を見れば、従業員が不安になるのも当然です。「ジュニアは頼りない」「先代の頃はよかった」といったネガティブな空気が充満している組織に、活気など生まれません。

仕方なくでも渋々でも社長に就任する以上、事業承継の経緯は関係ありません。社長の任に就いたのなら、**「自分の事情」や「家の事情」とはキッパリと決別する**しかありません。

「社長になること」を、自分以上に不安に思っている人たちがいる。

それは跡継ぎ社長が背負う宿命のようなもの。だからこそ境遇を怨《うら》むのではなく、**素人だろうが半人前だろうが、社長を継ぐ者としての責務に真摯に向き合う覚悟を決め、それを周囲に伝えることが大事**になるのです。

もうひとつ、二代目社長が〝よそ者化〟しがちな状況に、会社を継ぐ前に他社で修業をしてきたケースがあります。

他社で社会人経験を積むこと自体はメリットも多く、可能であればすべきと考えますが、必ずしもプラスばかりとは限りません。

自社とは企業規模や経営理念が違う会社に勤めたことで、修業先の企業風土やカルチャーに感化され、それを**そのまま上から目線で自分の会社に持ち込もうとしてハレーションを起こしてしまう**――。ドラマに出てきそうですが、現実でもよく見受けられるケースです。

こうしたケースにおける二代目社長は、たとえ身内であっても、**外部から派遣された〝よそ者社長〟のスタンスと何ら変わらなくなっています**。

優良大手企業で勤務し、海外経験・MBA取得後、家業に戻る。そこで「頭でっかち」のままフルスロットルで改革を始めたり、ストレートに批判を口にしてしまったりしては、いっそう〝よそ者〟感が出てしまうでしょう。

最初から〝よそ者〟感が強そうな「入り婿」「婿養子」といった後継者のほうが、適度な遠慮と距離感があってドライな判断もできるため、案外うまくいくこともあります（関係がこじれた場合は最悪ですが……）。

ここは一度リセットして**「まわりの人たちに教わりながら、覚悟を持って〝よそ者社長〟としてやっていこう」と決めてしまう**ことです。

そして、社内の生え抜きの人たちの中から、**自分の参謀となりえる「大番頭的な役割の人」を見つけて、細かいことはその人に任せればいい**のです。

ちなみに、「大番頭的な役割の人」は年長者とは限りません。私が懇意にしているオーナー社長は、**現場に詳しい部下を大番頭役に抜擢**して、自分は安心して外を飛び回っています。社長は社長の仕事に集中するべき。これは跡継ぎ社長であっても同じことです。

「よそ者リーダー」の心得

07

親の会社を継いだ二代目社長も、「自分の事情」や「家の事情」と決別し、〝よそ者社長〟としてやっていこうと、心に決める。

コラム

凡人よ、カリスマを目指すな、「プロ」になれ

超人的な資質や強烈な個性を持ち、卓越した先見性や創造性にあふれ、自信に満ちて雄弁に語り、大胆に行動し、人を惹きつけ、圧倒的なリーダーシップを発揮する。世の中には、こうした「カリスマ」と呼ばれる経営者がいます。

例えばアップルのスティーブ・ジョブズ氏、フェイスブックのマーク・ザッカーバーグ氏、ソフトバンクの孫正義氏、ファーストリテイリングの柳井正氏——。

こうした名だたるカリスマのようなトップリーダーに憧れを抱き、社長として会社を任された際には「自分も彼らのようになりたい」「彼らみたいに刺激的な会社経営をしたい」といった感情を抱く人は少なくありません。

しかし、あえて申し上げます。自身の「凡庸さ」に少しでも気づいているのであれば、当然名だたる**カリスマ経営者たちの成功事例をそのまま実行しようとするべきではありません**。

経営や組織運営のヒントにするくらいはいいでしょう。**しかし、あたかも自分も同**

じカリスマかのごとく、すべてを真似て経営のロールモデルにするのは危険です。ましてや世の中に多い、一過性の成功だけでカリスマを名乗る「自称カリスマ」の例などは、おもしろい物語として読む程度にしておくべきです。

カリスマには「神様からの贈り物」の意味があり、転じて「人々を心酔させる特別な資質を与えられた人」のことを表します。平たく言えば、**ごく稀にしか現れないひと握りの「天才（異才）」**ということです。

カリスマは〝よそ者〟であるかどうかなど関係ありません。比較対象外です。圧倒的な天賦の才があるから、采配やリーダーシップによって組織が一枚岩になり、人もついてくる。周囲がその非凡な資質を認めているから、驚くような判断や無謀と思える挑戦も可能になる。**カリスマは唯一無二の存在**なのです。

それは天才だからこそなせる業。圧倒的多数の凡人、常人、一般人には到底真似のできることではありません。

私もこれまで仕事をしてきた中で、優秀な経営者やビジネスパーソンとは多々接してきましたが、真のカリスマ性を感じた方は数人しかいませんでした。

その数人の方は、すべての芸術を見尽くしたような圧倒的な感性を持ち、鬼のような目をして発破をかけた直後に引き込むような微笑みを見せて、見事な感情のコントロールを行い、そして子供のような純粋さで真摯にビジネスに取り組んでいらっしゃいました。発想のスケールの大きさや意思決定の明晰さ、すべてにおいて誰にも真似ができない、卓越したものをお持ちでした。

そもそも、カリスマであること、カリスマ性を持っていることはリーダーの「絶対条件」ではありません。そのようなことを言い出したら、私を含め、世の中のほとんどの会社の社長は〝社長の資質なし〟になってしまいます。

では、経営トップである**社長の絶対条件**とは何か。

私は**「プロフェッショナルであること」**だと考えています。

プロフェッショナルとは高い職業意識を持つ者のこと。**自分の仕事に、自分が果たすべき役割に、自分の仕事の成果や結果に、最後まで責任を持ち続ける者**のことを指します。つまり経営におけるプロフェッショナルとは、**「リーダー」としての任務をまっとうし、なおかつ業績を上げられる経営者のこと。カリスマ性がなくても経営は**

できますが、プロ意識がない人に会社経営は務まりません。

経営者は業績を上げてナンボの仕事。特に経営再生の命を受けて外部からトップとして着任した立場ならば、なおさら目に見える「結果」が求められます。

結果にコミットすることに責任を持ち、全力を傾け、専念し、日々研鑽する。そのために組織をまとめ、人を活かし、愚直に、まじめに責務に向き合う。それが**経営のプロフェッショナルとしてのあるべき姿**です。

凡人は天才的なカリスマにはなれませんが、掲げた目標に対する結果へのコミットに泥臭くこだわる**「プロ」になることはできます。**

もっと言えば、「自分はプロフェッショナルでなければならない」という自覚と意識を明確に持っていれば、その段階ですでに「社長としての絶対条件」を満たしていると言ってもいいでしょう。

〝凡人リーダー〟〝よそ者リーダー〟はカリスマになろうとするな、プロになれ。

プロに徹して、真摯に経営に向き合う。

その姿勢を貫くことこそ、新天地において従業員との信頼感を構築するために欠かせない社長の心得なのです。

心構え２

「謙虚さ」を武器にする

謙虚さとは何か。求められる「４つの姿勢」

経営トップである社長を務める者に、もっとも必要とされる資質とは何か。さまざまな意見があるとは思いますが、私は何よりも、「謙虚であること」だと考えています。

ただし、ここで言う「謙虚」とは、「ひたすら低姿勢でいること」「ただ慎ましいこと」という意味ではありません。その根底に「自分自身の確固たるポリシーや理念」を持っていることが大前提になります。

その上で、次の４つの姿勢が求められます。

１．役職や年齢に関係なくすべての人に等しく接し、その声に耳を傾ける姿勢

２．自分と違う意見や相反する考え方を否定せず、真摯に受け止める姿勢

3．知らないことはもちろん、多少知っていることでも、改めて教えを請う姿勢
4．常に自分を振り返り、自分に足りない部分を知り、認める姿勢

つまり、「人としてのあり方」なのです。

とりわけ社外から派遣される〝よそ者社長〟や、カリスマではない〝凡人社長〟にとって、こうした謙虚さは何にも増して不可欠な資質になります。

トップのこうした姿勢が周囲との調和を生み、人を引き寄せ、コミュニケーションを活発にし、組織の風通しをよくします。そうすると必要な情報も集まりやすくなるでしょう。

また、自分に欠けている部分を自覚し、他者に助けてもらうべき部分が明確になれば、経営にプラスになるだけでなく、自身のステップアップにもつながります。

つまり、**謙虚さとは資質であると同時に、社長にとって武器でもある**のです。

とはいうものの、「謙虚になる」のは想像以上に難しいもの。社長という肩書や立場、プライドが邪魔をして謙虚になれない、〝よそ者〟であるがゆえに虚勢を張ってしまい、謙虚さを忘れてしまうケースが少なくありません。

役員や従業員に対してあいさつもせず、仏頂面で椅子にどっかりと座って、高圧

「よそ者リーダー」に求められる謙虚さ・4つの姿勢

1. 役職や年齢に関係なくすべての人に等しく接し、その声に耳を傾ける姿勢
2. 自分と違う意見や相反する考え方を否定せず、真摯に受け止める姿勢
3. 知らないことはもちろん、多少知っていることでも、改めて教えを請う姿勢
4. 常に自分を振り返り、自分に足りない部分を知り、認める姿勢

的な口調で「あれはどうなってる？」「これは決めてあるのか？」「こんなこともできてないのか？」などと、のっけから周囲を威圧するような態度を取る社長もいます。

親会社から子会社に出向してきた社長の中には、着任直後で会社全体の状況も把握できていないうちから、**自分の経験・知見が活かせる一部の分野（例えば貿易・為替・労務・システムなど）だけをいきなり深掘りし、専門用語を振り回して粗を探し、細かく指摘する人**もいます。

企業規模の大きな親会社だからできた制度や仕組みを持ち出して比較し、「この会社はこんなこともできていな

い」「この程度の仕組みも整っていない」と、あからさまに見下した態度を取る人もいます（もちろんその制度も、ご自分がイチから立ち上げたわけではないでしょうが）。

ただ、外部から来た〝よそ者〟がそうした言動に走りがちな心情もわからなくはありません（単に横柄な性格で態度が悪いだけというのは論外ですが）。

たった一人で乗り込む新天地で「舐められてはいけない」という警戒心や自己防衛の思いから、上から目線の発言をしてしまう。責任の重さへの不安を押し隠そうとするあまり、能面のように無表情になってしまう。

親会社からの出向ならば、自分が「外様《よそ者》」なのは事実ですし、その会社の業種が自分の専門外ならば、自分は「何も知らない素人」なのもまた事実。それゆえ、表現の違いはあれ、**つい「上から目線&命令口調」でマウントを取りたくなる。**こうした事情もまあ、理解はできます。でも、だからといって先手を打って威嚇しようと考えるのは感心できません。

これが圧倒的なリーダーシップを持つカリスマ経営者ならば話は別。彼らの場合は、〝よそ者〟だろうが何だろうが一切気にせず、「鶴の一声」で周囲をねじ伏せることができます。傲慢で高圧的な言動でさえ、周囲が勝手に「それもまた強烈な個性のひとつ」と思い、従ってくれるでしょう。

しかし、あえて繰り返しますが、**ほとんどの社長はカリスマではなく、普通の人、凡人です。**

いきなり威圧的な態度を取ったところで、それは「ただの感じの悪いイヤなヤツ」というレッテルになってしまいます。

トップに立って組織をまとめ、導くリーダーには誰よりも「謙虚さ」が求められ、**謙虚であるためには自らの「攻撃的な感情」を抑える自制心が必要**なのです。たとえそれが舐められないための「防御のための攻撃」であっても、です。

いきなり上から頭を押さえつけるような態度を取れば、従業員は萎縮し、警戒し、身構えてしまいます。そこで生まれた不満はすぐに反発に変わります。その結果、舐められないどころか、「敵視」されることにもなりかねません。

敵視し合っている者同士に強い信頼関係が生まれるはずもなく、これでは経営の再建や改革などうまく進められるはずもありません。

「会社を支配しようとする敵」ではなく、**「会社でともに働く味方」**だと思わせる。

まったくのアウェーとなる新天地に乗り込む〝よそ者経営者〟にとって、従業員に与えるこうした第一印象は非常に重要になります。

初対面の従業員の警戒心というコートを脱がすには、厳しい北風で吹き飛ばすよりも、穏やかな太陽のように調和の姿勢で臨むべきなのです。

だからこそ会社のトップに立つ者、特に外部から来て社長を任された者こそ、**誰よりも自制心を持ち、誰よりも謙虚さを忘れない**こと。それが経営者の絶対的な資質だと心得てください。

「よそ者リーダー」の心得

08

舐められたくないと、「上から目線」や「命令口調」で威嚇しない。4つの姿勢で、「ともに働く味方」として穏やかに接する。

心構え2

「謙虚さ」を武器にする

支配するのではなく「ワンチーム」をつくる

会社経営における社長のリーダーシップのあり方には、大きく分けて2つのスタイルがあると考えます。

ひとつは、**「支配型リーダー」**です。

これは社長の強力な意思と才覚のもと、社長自身が先頭に立って部下を管理し、強い指示や命令によって会社を動かしていくスタイルになります。次ページの図のように、社長はピラミッドに見立てた会社の頂点に君臨し、上意下達に近い指示系統によって会社を引っ張っていきます。

トップ一人の能力に依存してメンバーを従わせていく「支配型リーダーシップ」は、まさにカリスマ型の経営と言えるでしょう。

「よそ者社長」が目指すべきリーダーシップ

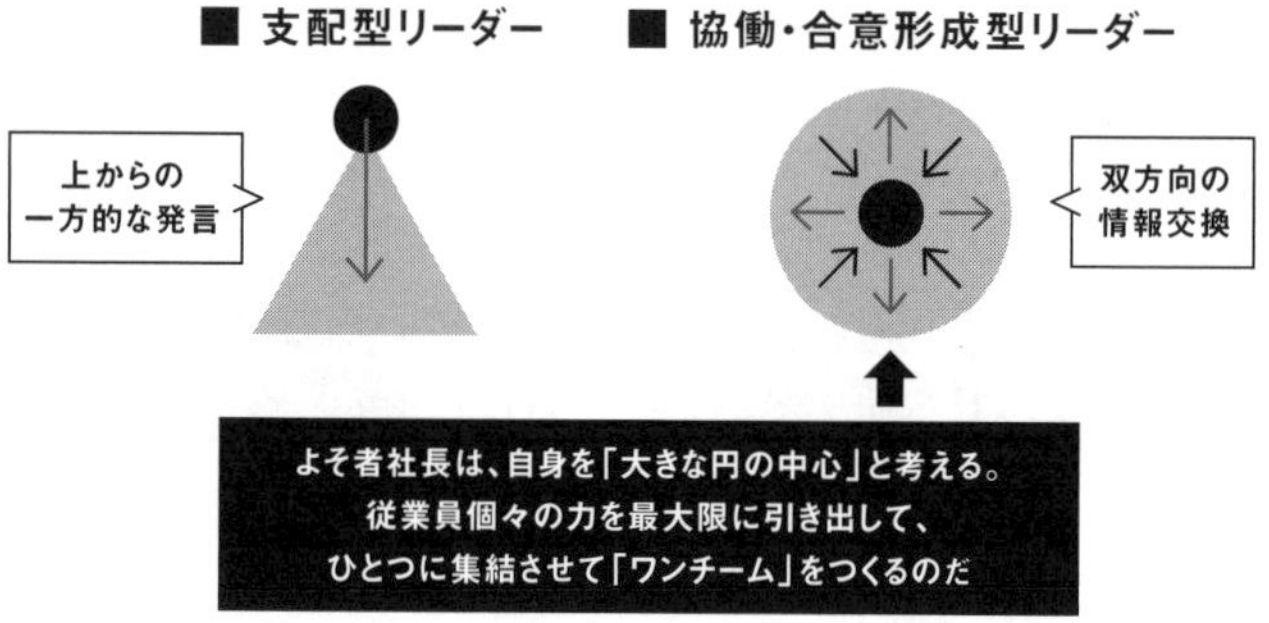

そしてもうひとつが、**「協働・合意形成型リーダー」**です。

これは平たく言えば、「私がまとめるから、みんなで力を合わせてがんばりましょう」という方法論。

言い換えれば、社長である自分は「全知全能ではない。足りない部分もある」ことを自覚し、それゆえ**「従業員個々の力を最大限に引き出して、ひとつに集結する」**ことで会社を動かしていくリーダーシップになります。

目指すべき目標を共有し、一人ひとりの考え方や価値観という「ベクトル」をひとつに合わせて、みんなを進むべき方向へと向かわせる。

有無を言わさずに牛耳るのではなく、**個々の従業員の自主性や個性を尊重し、信頼関係を構築しながら「ワンチーム」を運営する。**

図のように、組織における経営者の立ち位置を、**「ピラミッドの頂点」ではなく、「大きな円の中心」と考えるとわかりやすい**と思います。

これら2つのスタイルに優劣の差はありません。

社長となる人材の資質やそのときの時代背景などによって、選択すべき経営スタイルが違ってくるということ。

そして、天才的なカリスマ性を持たず、しかも社外から来た**〝よそ者〟というハンディキャップを抱えた社長が目指すリーダーシップは、この「協働・合意形成型」であるべきだ**ということです。**大きな円からなるチームのベクトルが同じ方向に向かって動き出し、メンバーの共感が最高に高まったときには、想像以上の成果を生み出す**こともあります。

変化が激しく、多様性が求められる今、異質な存在を取り入れないと企業の存続は困難だと言っても過言ではありません。

昭和・平成時代の「いいから黙ってオレについてこい」的な支配的リーダーシップや、組織の同調圧力だけで、激動の時代を乗り越えるのは、たとえカリスマであっても非常に難しいことです。

ただ、それでもなお、カリスマの経営手法をロールモデルとして意識するあまり、前時代的で単純なトップダウン型のような、自分の資質や立場に見合わないリーダーシップを取って失敗したというケースは少なくありません。特に創業オーナー系の企業では、ピラミッド型どころかトップだけが権力を持つ鍋蓋《なべぶた》型になっている場合もあり、その体制ではガバナンスが利かず、従業員の成長もありません。

では、リーダーシップの選択を間違えないために必要なものとは何か。それはやはり、**自分自身を正しく見極めること**に尽きるでしょう。

自分には組織を率いる力や才能がどこまであるのか。

自問自答し、**自分の資質や能力、立場を自覚できる**こと、それもまた謙虚さのひとつなのです。

自分の力量のなさを自覚したとしても、失望することはありません。カリスマでなくても会社の舵取りはできます。完全アウェーからスタートした会社でも、信頼を勝ち得た社長は大勢います。

だから、自分が凡人なら、**背伸びも卑下もせず、その凡庸さを自覚する。**

社外から着任したのなら、自分は〝よそ者〟なのだと自覚する。

そして、**〝よそ者〟が会社の命運を握っていることも自覚する。**

その自覚があれば、縁も所縁《ゆかり》もなかった会社の社長を任されても、背負う覚悟と責任感はより地に足がついた強固なものになるはずです。

周囲があっと驚くような派手な采配を振るだけが経営手腕ではありません。

凡人には凡人のリーダーシップの取り方があります。〝よそ者〟には〝よそ者〟がたどるべきステップがあります。カリスマではないからできる経営があるのです。

「よそ者リーダー」の心得

09

ピラミッド型の組織の頂点で支配するのではなく、「協働・合意形成型リーダー」として、組織を運営する。

心構え2

「謙虚さ」を武器にする

リーダーとは単なる「役割」にすぎない

心構え1で「社長という肩書に浮かれない」ことの重要性をお伝えしました。

「社長」と声をかけられたことで自己承認欲求が満たされ、舞い上がってしまう。

着任した途端、本人は自覚していなくても、はたから見ると明らかにこうした〝勘違い社長〟になっている人も、少なからずいるのです。

「後ろを見ても誰もいない最後の意思決定者」、しかしそのポジションは、極論すればあくまでも**会社内での「ひとつの役割」**にすぎません。

社長、役員、部長、課長、係長、主任、一般社員――こうした肩書はすべて、会社を経営するにあたっての役割分担や責任度合いの序列でしかありません。それぞれ果たすべき役割と背負うべき責任が異なるというだけのこと。

社長は会社経営のトップという役割と責任を任せられた非常に重要な立場ですが、

だからといって「人として偉い」わけではありません。むしろ、社内でもっとも重要な役割を担い、もっとも重い責任を背負っている社長は、**「いちばん偉い人」どころか「誰よりも大変な人」**です。舞い上がって浮かれている場合ではありません。

社長はひとつの役割にすぎず、「偉い人」という意味ではない――。

このシンプルな真実をしっかり理解している人は、社長になっても変な勘違いをせず、自分の果たすべき責任と真摯に向き合える人です。社内の役員や従業員、パートやアルバイト、守衛や警備のスタッフ、顧客や取引先など誰に対しても等しく謙虚になれる人です。私がご縁をいただいた方で、事業の基盤をつくり上げたカリスマ的な前任社長の跡を引き継いだ、大手小売り専門店チェーンの社長さんがいらっしゃいました（現在は退任されています）。

「私は前社長と違ってごく普通の人間だから」と、誰に対しても常に「教えてください」「勉強させてください」「〇〇さんはすごいね」「××さんの仕事はたいしたものだなぁ」といった具合で、決して偉ぶらない。

でも実は、在任期間中にいくつもの新機軸を打ち出して会社の業績も企業イメージも飛躍的にアップさせた、超ヤリ手で敏腕な社長さんなのです。まさに「デキるリーダーは謙虚」を地で行く方だと思っています。

その会社については、カリスマ前社長の「謙虚さ」にまつわるこんな逸話も聞きました。会社が一定規模に成長してからも、朝礼で前社長はこうおっしゃったのだとか。「みなさんは最近、謙虚じゃない。これから全員、紙に『謙虚』という字を10回書きましょう。○○部長と××部長。お2人は特に謙虚さが欠けているので20回です」と言って、その場で書かせたのだそうです（何人かは『謙虚』の漢字を書けなかったというオチまでついたらしい）。

代々の社長にこんな話があるのは、「謙虚であること」がその会社の企業風土として根付き、それが大きな成功の要因になっているからなのでしょう。

肩書におごることなく役割に見合った仕事をするために、**自分の足りなさを自覚し、誰からも、何からも、謙虚に学ぼうとする。**社長を任される者には、常にこうした姿勢が求められるのです。

「よそ者リーダー」の心得

10

社長という肩書は、会社組織のひとつの役割にすぎない。「いちばん偉い人」ではなく「誰よりも大変な人」である。

心構え2

「謙虚さ」を武器にする

「よそ者」「凡人」「素人」。三重苦のリーダーがすべきこと

社長を任されて新天地に着任したのはいいけれど、その会社の事業が自分には、まったく未知の分野だったというのはよくあることです。

その事業のことはほとんど何も知らない。でもリーダーとしての力量を買われ、社長として会社を引っ張っていかなければならない――。

よそ者で凡人、しかもその分野では**素人**。そのような**三重苦**の状況下で社長としての責務を果たすには、**知らないことを「ゼロから学ぶ」しかありません**。

そして、そのためには**自分のキャリアや過去の成功体験へのこだわりを、いったんすべて捨てる**必要があります。

「過去の自分の功績が評価されて社長になった」ことと、「社長の仕事に過去の経験

を活かす」ことは、まったくの別物です。

仕事のキャリアが長い人ほど、自分が積み重ねてきた実績や成功体験を心の〝拠りどころ〟にしているもの。しかし、そこに大きな落とし穴があります。

「自分は何度も成功してきた」というプライドやおごりが勘違いとなって、ゼロから学ぶという謙虚な姿勢の足を引っ張ってしまうことがあるのです。

私はかつて百貨店に勤務していた際に、系列のファイナンス会社に経営企画の担当課長として出向したことがあります。グループ会社とはいえ、それまでのバイヤー業務からファイナンス事業というまったく畑違いの分野の会社に、しかも経営に関わる役職として出向くことになったわけです。

元々「会社経営を学びたい」という思いもあっての出向だったのですが、だからといってＭＢＡを取得していたりそのための勉強をしていたりしたわけではありません。ですから、恥ずかしながら経営についても金融についても知らないことだらけ。しかもその会社には金融関係をはじめとした他企業からの転籍者も多く、ほぼ素人同然の私は、そのことでも非常に大きなアウェー感を覚えたものです。

しかし、**その分野で素人同然だったことが功を奏しました**。

「知らないんだから、教えてもらって勉強するしかない」――そう肚を括ることができたのです。

バイヤーとはまったく違う金融の分野では、これまでの経験がそのまま通用するはずもない。ならばいっそのこと〝まっさら〟な気持ちで教えを請うて勉強し、新しい知識を吸収してやろうと。「何も知らない」という現実が、良い意味での開き直りにつながったわけです。

そこでわかったのは、**謙虚な姿勢で教えを請えば、こちらが出向者であろうが上司だろうが社長だろうが、みんなちゃんと教えてくれる**ということ。

「教えてほしい」という謙虚さがあれば、人は「何にも知らない」ことを（少なくともあからさまには）バカになどしません。むしろそこから信頼関係が生まれます（中には、いきなり金融用語を多用して矢継ぎ早に質問する銀行出身の人もいましたが……苦笑）。

結果として、**キャリアを捨ててゼロになる**ことが、新しい学びと成長につながりました。実際は関連会社ということで同じ立場の出向者もいたので、完全な〝よそ者〟

ではなかったかもしれませんが、この経験は自分自身の大きな糧となりました。

後に初めてアパレル事業会社に経営トップとして参画したときも、まずそれまでのキャリア（百貨店やその子会社出向、その他の企業での経験や実績）を封印することから始めました。

このときも、商売経験はあったものの卸事業や生産工場、いわゆる川中・川上の繊維業界のことなど何も知りません。だから、それまでのキャリアを振りかざすのではなく、業界についてはほぼ**素人であることをカミングアウトし、〝ゼロ〟から教えてもらう**。それが「よそから来た何も知らない経営トップ」に求められる姿勢だと、経験で知っていたからです。

今はまだ素人だけれども、**新たな業界と会社の事業特性をいち早く理解し、これからの経営に活かす**。経営のプロとして、ここは力の発揮しどころです。

その事業分野の専門知識を持たずに外部から着任した**〝よそ者〟素人社長がもっとも頼りにすべき存在は誰でもない、その会社で働いている従業員たち**です。その会社でのキャリアという意味では、自分は「社長」という役職に配属されただけの「新入社員」の一人。そして従業員はみな自分の「先輩」でもあります。ならば、

「自分にとっては初めての業種（会社）で知らないことばかり。みなさんのほうが先輩なので、いろいろ教えてください」

最初からこのくらいのことを、堂々と言ってしまうほうがいい。

でも、卑屈になる必要はありません。会社に関して知らないことを素直に、謙虚に、先輩から教えてもらうだけ。何もカッコ悪いことではありません。

「知らないこと」は、実はさほど問題ではありません。自分のキャリアにこだわって**学ばないこと、知らないことを謙虚に学べない姿勢のほうがよほど問題**なのです。

「よそ者リーダー」の心得

11

過去のキャリアも、築かれたプライドも、ゼロにリセット。
知らないことは謙虚に学び、教えを請う。

心構え2

「謙虚さ」を武器にする

「分」をわきまえ、現場のことは現場に任せる

社長がしょっちゅう現場に来て、あれこれ指示を出してくるので困る——仕事の現場でよく聞く話です。

「経営者が現場に口を出し始めると、たいていロクなことにならない」のは、会社経営における〝あるある〟のひとつ。特に自分の専門分野や得意分野になると、ついつい モノを言いたくなる人が多いようです。

その気持ちはわかります。わかりますが、それも程度問題。

「ここはこうじゃない?」「こっちのほうがいいんじゃない?」といった軽いアドバイスや指摘レベルなら、まだ許容範囲内。「さすが社長、詳しいですね」といった会話は、従業員とのコミュニケーションを深めるための糸口にもなるでしょう。

しかし、これが度を越してくると、厄介なことになります。

「社長がしょっちゅう現場に来て、そのたびに作業が止まる」

「社長と課長とで言うことが違って、どうしたらいいかわからない」

こうした声が社内で聞こえてくるような事態は、あまり感心できません。

さらにエスカレートすると、

「そんなことは聞いていない」

「あれはこっちの資料を使わなきゃダメだろ」

と次第に指示口調になり、やがて、

「オレが現役なら、この程度の仕事は30分でできるぞ」

「おまえ、何年この仕事やってるんだ」

と怒鳴り声になる。

特に自身がその分野のスペシャリストで優秀だった人ほど、当時の自分のレベルと比較してイライラし、声を荒らげて叱責してしまう。ここまでくると現場全体の士気にも影響する大問題になってしまいます。


自分は社長でもあるけれど、スペシャリストでもいたい――。

優秀で努力家であればあるほど、このように感じてしまうようです。

まじめさゆえの、気持ちの表れであることはわかります。

ただ、先にお伝えした通り、**会社には役割分担があります。**

たとえ元は優秀なスペシャリストだったとしても、社長の役割を任されたのであれば、今はその任を果たすことに全力を注がなければなりません。**現場の業務は、現場で働く役割の人間に任せておけばいい、いや、任せるべきな**のです。その上で組織運営に則った適切なチェックを行う。これには、企業規模は関係ありません。

また、**性格的に、「社内事情や仕事の状況を、すべて把握しておかないと不安で仕方がない」という社長**もいます。悪い言い方をすれば**「小物感」のある人**とでも言いましょうか。こういうタイプの社長も過干渉になりやすく、自分が納得できないとイライラして叱責するという行動に走りがちです。

しかし、「何でも把握しておかないと不安」だから「逐一、現場に口を出す」のは、**ただ自分が安心したいだけのハタ迷惑な自己満足**。場合によっては、現場の従業員から「自分たちを信用していない」「仕事ができないと思っている」と受け取られる恐れも。こうした感情は、会社への信頼感の低下に直結してしまいます。

社長には社長がわきまえるべき「分」があります。

一般社員が社長の役割を担う必要がないように、社長が一般社員の役割にまで口を出す必要もありません。それが**従業員を信じるということ**です。

スペシャリストとして、たとえ組織で「いちばんわかっている人が自分」だとしても、現場に任せる。むしろ、その組織で次のスペシャリストを育成することが急務だと言えます。

社長が現場に口を出しすぎると、最終的に組織は機能不全に陥ります。従業員は自ら考えることを放棄し、管理職は判断をすべて社長決裁に委ねるため、もはや組織としての機能を果たさなくなってしまうのです。

各々が自分の役割ですべきことをしっかりと果たすことで、会社は円滑に機能していきます。そのためには、まず社長自らが役割分担を守り、自分がするべき仕事に集中することが大事なのです。

「よそ者リーダー」の心得

12

スペシャリストとして卓越した力があっても、社長になったら現場に口を出さない。「社長の役割と責任」に集中する。

心構え2

「謙虚さ」を武器にする

「前任者の全否定」はブーメラン

〝よそ者リーダー〟の中には、**前任の経営陣のやってきたことすべてを否定し、批判しようとする人**が少なからずいます。

「再建・再生が必要な事態に至っている以上、これまでのやり方は間違っている。だから前任者の取り組みは全否定して、新しい経営スタイルに上書きするべきだ。今後については自分がすべて任されたのだから、自分のやり方でやらせてもらう」

このように、前任者のやり方への「ダメ出し」をすることばかりに力を注ぎ、もはや**「否定することが目的」**になってしまっている人です。

こうした傾向は、この会社に骨を埋めるつもりで引き受けた人ではなく、短期的に、もしくは期間限定で任された人、いわゆる再生請負人として**〝よそ者〟のまま、あちこちの会社の社長を渡り歩いてきた人に、比較的多く見られる**ようです。

自分の経営手腕への自信（多くの場合、それは過信やおごりなのですが）や、〝よそ者〟という立場ゆえの「社内外に自分の存在価値を示したい」といった焦りが、そうさせるのかもしれません。

「こんな事業計画で再生できると思っていたのか。すべてイチからつくり直し」

「こんな人材登用では人は育たない。これまでの人事や査定はすべて白紙に」

「こんな前時代的な習慣は不要。すべて破棄！」

ある意味、正論ではあります。従業員の中には前経営陣からのおぼえが悪く、その正論に喝采を送っている人もいるかもしれません。

でも、だからといって**着任早々、「前経営陣のやらかした愚策を、私がすべて直します」的な宣言をするのは、新しいリーダーとして好ましい態度とは言えません。**

正論を述べただけで「マウントを取ろうとしている」と言われるなんて心外だ、そこまで従業員に気をつかうべきなのかと、思うかもしれません。たしかに新たに外から招聘されたリーダーには、経営再建、事業へのテコ入れ、新規事業の開発といった現状を打破する変化やイノベーションが期待されています。

イノベーションが「これまでの方法論を修正して正しい方向へ導き、新しいスタイルを構築すること」である以上、「従来のあり方を否定する」というプロセスを避けて通れないのも事実です。

ですから前任者を否定するなと言っているわけではありません。もちろん、明らかに間違っている方法論や悪い慣習は変えていく必要があります。

ただ**「最初の仕事が前任者の否定」**と言わんばかりに、**変えてはいけない方法論、変えるべきではない慣習まで「何でもかんでも」否定するべきではない**ということ。

「前任者のやり方はおかしいことだらけ（もしくは、間違いだらけ）。これからはオレの言うことを聞け」——。

新しいリーダー、特に外部からやって来た〝よそ者リーダー〟のそうした態度は、**従業員に「何でも否定的に捉える人」「他者の意見をすべて否定で押さえつけようとする人」という印象を与えてしまいます**。

中には新しい社長が口にする「前任者」を「前社長や前経営陣」だけでなく**「自分たちも含めたこの会社の人間」**と捉え、**「前任者の全否定＝自分たちのことも全否定された」という不信感**を覚える従業員もいます。

「今度の社長は、人の意見に耳を傾けてくれなそう」

「自分たちのこともすべて、否定から入るに違いない」

こうしたネガティブな印象は従業員の士気やモチベーションの低下にもつながります。社内で信頼関係を築けなければ、必要な情報や有益な意見も得にくくなり、経営再建にもマイナス影響を及ぼしてしまうでしょう。**「ただ否定したいがための否定」は、結果として自分の首を絞めることになる**のです。

また前任者の全否定は、時に個人に対する否定や批判に姿を変え、「〇〇社長」ではなく、**「〇〇さん個人」へのダメ出し**にもなりかねません。

実際に、経営に関することだけでなく、前社長個人の人格まで否定するかのように徹底的にけなす人もいるのですが、絶対にするべきではありません。

必要なのは、前任者が会社経営に関して何ができて何ができなかったか、何を成功させて何を間違えたかという「社長という役割を担っていた人」としての評価をすること。たとえ人として嫌なヤツだったとしても、従業員を前にした場では単なる個人攻撃になってはいけないのです。

新たに着任したリーダーは、**前任者の方法論に対して「否定のため」ではなく「今**

後に活かす検証のため」に向き合うことが大事だと、私は考えています。

過去（前任者）を頭から否定せず、過去からも謙虚に学び、過去を活かす。前任者がたどってきた経営の経緯や実績を、冷静かつフラットな目できちんと検証すれば、今後の再建・再生に活かせるヒントや気づきが見つかるかもしれません。

否定すべきは否定するけれど、評価すべきもきちんと評価する。そうした検証をした上で「やはり変更が必要」となったら、正々堂々と変えていけばいいのです。

「よそ者リーダー」の心得

13

経営再建では前任者の「否定」は避けられないが、「全否定」ではなく、「評価すべきは評価する」ことが重要。

心構え２

「謙虚さ」を武器にする

「だからダメなんだよ」は禁句。後出しジャンケンはしない

前任者のこれまでのやり方を否定することから入ろうとすると、つい口にしがちなのが、

「こんなやり方、ダメに決まってるでしょ」

「これじゃあ赤字になるはずだよ」

「こんなことしているから業績が上向かないんじゃないの？」

といったセリフ。そして最後には「だからこの会社はダメなんだよ」とまさに〝よそ者〟スタンス１００％の発言――。

実際にはそれが事実であり、まさに指摘の通りなのかもしれませんが、会社の人たちに言わせれば、それは**「結果を知っているから言えること」**、**いわゆる後出しジャンケンでしかありません。**後出しなら勝つのは当たり前です。

「じゃあ、あなたはどうするんですか」

「あなたがやれば、黒字にできるんですか」

「後からだったら、何とでも言えることですよね」

従業員は反発し、士気も一気に下がってしまいます。

新社長がするべきは、次からの「まともなジャンケン」で勝てる会社にすること。ジャンケンに負けた理由、つまり**前任者の失敗を分析し、検証し、勝つための対策を打ち出すこと**です。

それができなければ、今度は自分が次の社長に同じセリフを言われることになります。**後出しジャンケンによる前任者の否定は、ブーメランのように自分に返ってくる可能性もある**のです。

否定するだけ、ダメ出しするだけなら誰でもできます。しかし、それでは何ひとつ前に進みません。そうではなくて、

「だから赤字になるんだよ」→**ならば、どうすれば黒字になるのか。**

「こんなことしているから業績が上向かないんだよ」→**ならば業績を回復させるにはどうすればいいのか。**こんなふうに**発想を変えていくのです。**

「これがダメだったのなら、次はどうすればいいか」を考える。うまくいかなかった結果を知っているからこそ、前任者の轍《てつ》を踏まないように経営の仕方を変えていく。

社長は評論家ではありません。会社を任された以上、結果を出すことに全力を注ぐのが仕事。後出しジャンケンで前任者と勝負をしても何の意味もないのです。

「よそ者リーダー」の心得

14

どうすれば結果が出るのかと発想を変える。「だから」は禁句、「ならば」を口ぐせにする。

コラム

〝よそ者〟に求められるリーダーシップとは？

ここまで「謙虚である」ことがリーダーにとって重要だと書いてきました。ただし、**「謙虚になる」ことと、「ただのいい人になる」「自分を卑下する」「信念を放棄する」ことはまったく違います。**

確固たる「自分のビジョンやポリシー」を持たず、ただ「下手《した て》に出ている」だけではリーダーシップは発揮できず、チームでの信頼関係も築けません。

そもそもリーダーに「謙虚さ」が不可欠なのは、外部から来た〝よそ者〟の自分が、新たな組織やメンバーの力を最大限活用して能力以上の力を発揮し、成果を出すためです。それには**大前提として、社長自身が「その会社（チーム）が目指す姿、あるべき姿」を明確に描けていなければなりません。**

近年、「サーバントリーダー」というリーダー像が注目されています。サーバント（servant）は「使用人・召使い」のこと。メンバーの能力を引き出し、モチベーションを高め、チーム全体の組織力を向上させることで目標達成を目指す。メンバーを支え組織に奉仕するという考え方で、**「奉仕型リーダー」**とも呼ばれています。

先ほど、社長の立ち位置を「ピラミッド」と「円」にたとえて説明しました。ピラミッドの頂点に立って組織を引っ張っていくのがカリスマ社長で、円の中心に立って個々の力を引き出すのが凡人社長だと。このロジックからも、凡人社長が目指すべきは、「奉仕型リーダー」、サーバントリーダー」と言えるでしょう。

ただし「謙虚」が「ただのいい人」ではないのと同様に、**サーバントリーダーも「組織の便利な使用人」のことではありません。**

従業員をサポートするのも会社組織に奉仕するのも、**社長が背負う「成果を出す」「実績を上げる」という責務を果たすための手段**であり、そのための**会社経営アプローチのひとつ**であることを忘れてはいけません。それゆえ、ここぞというときは、周囲が驚くようなスピードで意思決定を行い、大胆かつ強気な采配でメンバーを動かします。

謙虚でいながら、時には強力なリーダーシップを発揮する。

会社の置かれた局面や状況を見極めてリーダーシップを使い分ける。こうした**柔軟なバランス感覚**こそ、〝よそ者経営者〟の強力な武器になるのです。

心構え3

「バランス感覚」を何より大切に

自己評価は「やや高め」でちょうどいい

自分の仕事を自分で評価するのは難しいもの。社長ともなればなおさらです。会社のトップである社長に対して、業績や全体の事業運営の状況については取締役会や株主総会で必ずチェックが入りますが、一般従業員の〝人事評価〟のような現場の執行状況についての社内評価システムを持っている会社はほとんどありません。そのため、**社長には自分自身で自分の〝仕事ぶり〟や成果を適正に評価する能力も必要になります。**

社長に限らずすべての人に言えるのですが、自己評価をする際の最大のポイントは**「バランス」**です。評価しすぎも、評価しなさすぎもダメ。冷静に、適切に、**成果という事実に基づいた評価をするべき**です。

ただ、社長という立場を考えると、その**自己評価は「やや高め」くらいでちょうどいい**というのが私の考えです。

謙虚さは大切ですが、同時に、社長にはある程度「自分を大きく見せる」ことも必要です。もちろん、偉そうにふんぞり返るとか尊大な態度を取るという意味ではありません。

ここで言う「大きく見せる」とは、従業員の生活を双肩に担う社長として、**「やるときはやるよ」「ちゃんとできてるよ」といった前向きな姿勢をアピールすること。「リーダーとしての器の大きさ」を示す**ということです。

自分の仕事には自信を持っている——そうした**社長の「やや高め」の自己評価が、そのもとで働く従業員にも自信と安心感を与えることになります。**

ただし、それはあくまでも「ある程度の」という条件付き。度を越えた過大評価は経営判断を狂わせ、大きな失敗を引き起こす要因にもなることをお忘れなく。

一方、自分の仕事や成果を低く見積もりすぎるのが**「過小評価」**です。私はむしろ、社長の資質として問題視すべきは、こちらのほうだと思っています。

何かにつけて「私はまだまだ」「私の経営力なんてこの程度」「いや、たまたま運がよかっただけ」――。成功しても、結果を出しても、どこかで自分自身にも、自分の仕事や成果にも自信が持てない。

ましてや失敗したり成果が出なかったりしたときは、「自分には向いていない」「自分の力不足のせい」と、すべて背負い込んで落ち込んでしまう。

こうしたあまりの自信のなさは、社長としてのリーダーシップや求心力、信頼感を大きく損なう恐れがあるのです。

自分を過小評価しがちな社長には、「謙虚さ」の意味を取り違えているケースが多いように思います。

社長は常に謙虚であるべき――それは何度も申し上げた通りです。

ただ、自己評価においては「謙虚さ」の解釈に誤解が生まれやすく、謙虚でいなければと思うあまり、必要以上に自分を低く評価してしまう人が多いのです。

しかし**本当の謙虚さとは、「自分を過小評価すること」ではありません**。

若くして社長に抜擢された人の場合、役員や管理職に自分より年長者がいる、自分より業界経験が豊富な一般従業員もいるという状況も少なくありません。

そうした環境下では社長であっても、わからないことは謙虚に聞く、教えを請うという態度はとても大事です。大事なのですが、だからといって何から何まで、「自分はまだまだ……未熟者ですから」「先輩方のほうがよくご存じでしょうから」と自分を卑下してばかりでは、役員も従業員も頼りなく感じ、「この社長、大丈夫？」「会社を任せられるのか？」と不安になってしまいます。

会社のトップである以上、常に最初に就任したときの「覚悟」を忘れず、**社内に「この人に任せておけば大丈夫そう」「大きなことをやってくれそう」という安心感や期待感を持たせることも必要**なのです。

傲慢になってもいけないけれど、不安を与えてもいけない。

社長の自己評価は、自分だけではなく、会社やそこで働く従業員の士気にまで関わってくるということです。

社長が自分に自信を持つのは非常に大切なことです。そのためには「やや高め」の自己評価をしつつ、一方では、常に客観的な視点で自分自身を省みる謙虚さを忘れない。

高すぎる自己評価と傲慢さ、謙虚さと過小評価を取り違えず、会社全体に与える影響も考えつつ、冷静に自分を評価する。

そうした**自己評価のバランス感覚**も、社長に不可欠な資質なのです。

「よそ者リーダー」の心得

15

社長の自己評価は冷静に、成果という事実に基づいて行う。

ただし、「やや高め」くらいのバランスでちょうどいい。

心構え3

「バランス感覚」を何より大切に

自分を知るために、「外部の人」に聞く

自分は何に秀でているのか。何が足りないのか。今の仕事をどれだけできているのか。気づかないうちに、傲慢になっているのではないか。天狗になって調子に乗っているのではないか。あるいは必要以上に卑屈になってはいないか――。

人間は、自分のことはなかなかわからないものです。

特に社長という立場になったとき、他人のことは見極められても、**自分のことが見えなくなる、自分のことがいちばんわからなくなる**、という人は少なくありません。

現場ではとてもスマートな仕事をしていたのに、経営を任されて社長になったら、その責任の大きさから自分を見失って冷静な判断ができず、思うように結果を出せない――。

ずっと順調だったのに、少しのつまずきをきっかけに社長が自分の理念や方法論を

見失って経営が迷走、一気に業績が悪化してしまう――。

こうした話は、私もよく耳にします。社長がわが身を見失えば、会社も従業員も道に迷ってしまいます。自分自身を知ることは、会社を率いる社長にとって欠かせない条件でもあるのです。

では**どうすれば「自分で自分を知る」ことができるのか**。

よく言われるのは「自分で自分を客観視する」、いわゆる**「メタ認知」**と呼ばれる方法。簡単に言えば、「自分の言動を、もう一人の自分が客観的な立場から冷静に見て評価する」という考え方です。

とはいえ大多数の凡人にとって、この「客観視」はなかなかに難しいもの。だからこそ、みな自分のことがわからないのです。

ならば、どうするか。

いちばんシンプルな代替案は**「誰かに見てもらう」こと**です。

もう一人の自分ではなく「他人の目」で見てもらうことで、手っ取り早く、しかも偏りのない評価を得られます。

では、誰に評価してもらえばいいか。

大事なのは「社外の人」に見てもらうことです。

社長は役割とはいえ役職的には社内でいちばん上。身内の、しかも自分より立場が上の人の評価をするとなると、どうしても遠慮や〝忖度〟が入りがちです。その点、社外の人なら、よりフラットな評価が期待できます。

具体的には、内部事情がわかっていつつ、社内事情とは一歩引いた中立的な立場にいる人、いわゆる**「外部メンター」**に該当する人が理想です。

外部から出向している〝よそ者社長〟の場合、自分を今の会社にアサインしてくれた出向元（親会社や出資先など）の人、自分を評価して社長に推薦してくれた人など。社外取締役といった立場の人でもいいのですが、できればよりパーソナルな関係性のある人のほうが望ましいでしょう。

「社長としての自分の資質に問題があるのではないか」
「今の自分は、冷静になれているのか」
「結果を急ぐあまり強引になってはいないか」

「自分で自分がわからない」状態のとき、そうしたスタンスの人からの忌憚のない助言や指摘は、自分を見つめ直すきっかけにもなります。

私が最初にある会社の社長を任されたときも、ファンドの人や公認会計士の先生といった外部メンター的存在の人によく助けられたものです。

「吉野さん、この事業については少し焦りすぎに見えるんだけど、どうだろう」
「この件は社長の資質より組織そのものの力不足だから、焦らないほうがいい」
「吉野さんなら、こっちのアプローチのほうが合っているのでは?」
「前回の失敗があるから、必要以上に慎重になりすぎているんじゃない?」

こうしたアドバイスをしてもらうことで、「たしかに」「言われてみれば」と一度立ち止まって自分を取り戻せたことも何度かありました。

その中のお一人は、仕事上のつながりがなくなった今でも、事あるごとにお会いして適切なアドバイスをいただける「生涯のメンター(私の勝手な思いですが)」になっています。

組織を率いる立場になるほど、人は**「自分のことに盲目になりがち」**であることを自覚し、自分以外の誰かの視点を通じて、常に自分の行動を振り返る。自分を見失わないために、**自分の外に「自分を見る目」を持つ**。

その「目」となってくれる、**信頼できる外部メンター**を探すこともまた、社長のすべき仕事のひとつなのです。

「よそ者リーダー」の心得

16

自分以外の誰かの視点を通じて、常に自身の行動を振り返る。
信頼できる外部メンターから、忌憚のない助言や指摘をもらおう。

心構え3

「消費者視点」と「個人の感想」は別物

「バランス感覚」を何より大切に

ビジネスパーソンにとって「顧客視点」を持つことは非常に大事です。

特に小売や流通業界などB2C（一般消費者との取引）のビジネスでは、消費者視点に立ったサービス提供や商品開発が〝命綱〟と言っても過言ではありません。

ただし**「消費者視点での意見」は、ひとつ間違えると「偏った個人の嗜好の押し付け」という厄介な事態を招く**恐れもあります。特に**日用品や生活雑貨といった実用商品を扱う業種は要注意**です。

私は過去に、人々が日常的に使う実用衣料品を扱う会社、家庭用品を扱う会社などでの仕事も経験してきました。そうした生活に身近な商品に対しては、誰もが消費者としての意見を言いやすくなります。

自分だって消費者なんだから、意見をちゃんと聞け――これはいいでしょう。

ただし問題なのは、その意見が自分のセンスや好みによる〝独りよがり〟なものになりがちだということ。つまり、消費者視点と個人の感想を勘違いしてしまうケースが多いのです。

「今はやっぱり、機能よりデザインでしょ」

「この手触り、私好みだし、いいんじゃない？」

「オレ的にはこの色使いはありえないと思うな」

これらは、あくまで**〝その人の感想〟**でしかありません。

消費者視点とはビジネスとしてマーケティングを重ね、その結果の分析や検証を行った上で、最終的に導き出される消費動向や消費傾向のこと。

「僕はこれが好き」「私には使いにくい」という個人の感想とは意味合いが、まったく異なるものなのです。

そもそも、その人が本当にこの商品の「消費者」なのかさえ疑わしいこともあります。20代の女性向け商品について、50代の男性が「欲しい」「いらない」「好き」「嫌い」などと言うのは、第三者視点で見ると笑える光景でもあります。

ところが厄介なことに、**経営トップや役員、親会社などからの出向幹部といった社内に影響力が強い人ほど、この勘違いに陥りやすい傾向があります。**

社長や役員クラスから、

「私的にはこう思うから、この製品のここは変えたほうがいいよ」

「我々世代の人間は、こういう派手な柄は買わないよ」

場合によっては**〝女性消費者代表の声〟として、**

「ウチの妻が『○○したほうがいい』と言っている」

「娘に見せたら『イマイチ』らしいから、若者にウケないんじゃないか」

といった**謎の意見**が出てくることも（実際、妻・娘の意見は本当に多い）。

そうした〝個人の感想〟がいつの間にか〝上からのお達し〟に誤変換されてしまい、現場が大混乱に陥ってしまうこともよくあります。

変に忖度した結果、本来の消費者視点とは乖離した、誰も求めていない商品やサービスが生まれてしまうことも――。

一方でこういうお偉いさんは自分の苦手な分野になると、とたんに口を閉ざしてしまうもの。つまり、**自分が意見を言いやすいものにしか意見しないし、意見できな**

い。だから余計にタチが悪いのです。

すべてのビジネスパーソン、特に経営トップをはじめとする責任ある立場の人は「自分だって消費者だ」という勘違いに要注意です。〝よそ者〟ならばなおさら、**「消費者視点」と「個人の感想」をきちんと区別し、混同しない**こと。その心がけもまた、謙虚さのひとつなのです。

「よそ者リーダー」の心得

17

消費者視点と個人の感想を切り分けて考える。
特に日用品や生活雑貨といった実用商品を扱う業種は注意を！

コラム

社長になったら、できるだけ社長に会う

自分を知るには、当然ながら「自分で気づく」ための努力もするべきです。

そのためには、**「社長に会う」**ことも大事。

後輩の経営者にもよく言っているのですが、社長になったらよその会社の社長と会って、話して、そこから「学ぶ」。そうした機会をできるだけ多く持つべきだと思います。

大企業の尊敬すべき立派な経営者に教えを請うのもいいですが、同世代や自分より年下の若い人など、**自分と同じ立場で、同じように試行錯誤している〝仲間〟との交流も大切にしたい**もの。

また同業者に限らず、**異業種や違う分野の会社を経営している社長などとも幅広く付き合う**ことをおすすめします。

こうした〝横のつながり〟は、ビジネスチャンスを生む人脈になるだけでなく、お互いに新たなヒントを得たり、刺激を受けたり、悩みを相談したりと、たくさんのメリットがあります。

さらに、社長にとっては「自分に対する気づき」を得られる場にもなります。

「ああ、自分にも似たような経験があるな」
「あのときの自分もそうだったかもしれない」
「彼のような失敗には気をつけなきゃいけないな」
「若いのに落ち着いているよな。比べて自分は舞い上がって焦っていたかも」
「この人の話を聞くと、自分はまだまだ覚悟が足りないな」

——要は「人の振り見て、わが振りに気づく」ことができるということです。

同じ立場にいる人だから、同じ悩みや苦労を背負っている人だから、いい意味で「自分との比較」ができる。

そこから自分の足りない部分がわかったり、逆に、自分のやり方に自信が持てたりもする。**社長としての自分の〝現在位置〟を知ることもできる**でしょう。

社長は、社長から学べ。社長仲間は「自分を映す鏡」であり、「自分の位置を示すコンパス」でもあるのです。

第2章

「よそ者リーダー」3つのマネジメント

その1

実務経験で「洞察力」を鍛え抜く

お伝えしてきているように、私自身はＭＢＡをはじめとする高度な経営手法を学んできたわけでも、ひとつの会社や分野で長年培った専門的なノウハウを持っているわけでも、ましてやカリスマ的な才覚があるわけでもありません。〝凡人〟そのものです。

そのような私がビジネスの世界で生きるために、重要視し、意識して鍛えてきたスキルがあります。それが**「洞察力」**です。

ここで言う「洞察力」とは、周囲をよく見ることだけではありません。**会社組織の状況やそこに関わる人材、その会社を取り巻く外的環境の変化などを分析し、検証し、経営判断を下す力**のことを「洞察力」と言います。

このスキルは高度な教育や専門的な知識だけでなく、自らの問題意識の持ち方や好奇心の強さによって養われ、**実務経験によって磨かれていく**ものです。

例えば、当たり前のように街中にあるものでも「どうしてこうなっているんだろう？」「どんな影響があるんだろう？」という**問題意識を持って見る**。経営や事業だけでなく美・知・食・音楽など幅広い分野に関心を持ち、常に好奇心を磨く。世の中の流行にも興味を持ち、その背景や要因、ムーブメントなどを自分なりに推測してみる——。

言うほどに大げさなことではないのですが、今も日常の身近なところから、**「感性と好奇心のアンテナ拡張」と「論理的な分析・検証」を意識的に行う**よう心がけています。

思い返せば子供の頃、父の仕事の関係で幼稚園を3回、小学校を3回、中学校を2回変わっています。幸い行く先々で早くからクラスに馴染み、気の合う友だちもできていじめに遭うこともなく、楽しく過ごすことができました。

今になって振り返ると、新天地では子供ながらに「今度の学校は、クラスは、どんな雰囲気なのか」を感じ取り、「クラスメートはどんな子たちなのか」を一生懸命に観察していたのだと思います。

加えて、ただ眺めるだけでなく、**どうすれば新しい環境に適応していけるのか、「問題解決」のヒントを得るために観察**して、「この子とは仲良くできそうだな」などと、**自分なりの分析で仮説を立てて、行動**していました。そうした経験も、後の私の武器になる**「洞察力」を鍛える**ことにつながったのかもしれません。

社長にとっての「洞察力」は、会社経営のさまざまな場面で必要とされる、非常に重要度の高いスキルであり、**強力な「武器」**でもあります。

会社の行き先を定めるために、時代を読む。
市場の変化を見極めて次のマーケティング戦略を立案する。
財務諸表や数値から、その奥にある課題を見つけ出す。
そして、自分なりの仮説を立てて、実行（検証）する。

とりわけ、**会社経営の原動力となる人材登用や経営課題の解決に、「人材洞察力」**

は欠かすことができません。

私もこれまで〝よそ者リーダー〟や〝凡人リーダー〟として、数多くの人材を観察し、評価し、本質を見極めることに力を注いできました。もちろんすべてがうまくいったわけではありません。時に手痛い失敗も経験しながら、それも糧にして「リーダーの武器としての洞察力」を鍛えてきたつもりです。

そこで次節以降は、私の経験も踏まえながら、会社に関わる「人」の資質や能力、可能性を見抜くために、社長、特に〝よそ者社長〟に求められる洞察力についてお伝えしたいと思います（洞察力を鍛える方法については、コラムでいくつかご紹介します）。

「よそ者リーダー」の心得

18

〝よそ者社長〟はリーダーの武器としての「洞察力」を磨こう。
中でも、人事の課題解決につながる「人材洞察力」を鍛える。

その1

「人材洞察」マネジメント ——人を見極め、動かし、まとめる

着任前から、詳細な人事情報は知らないほうがいい

外部から新天地に赴く〝よそ者リーダー〟が、できるだけ早く手に入れたいと考えるのは、着任先の「人」の情報ではないでしょうか。

個々の力を最大限に引き出し、会社全体のベクトルを合わせて「協働」することで成果を導き出す——。こうした凡人型経営の〝肝〟となるのは何よりも「人」であり、その人材を見極めて活かす「人事戦略」には当然、人材の情報が不可欠になるからです。

しかしながら、「着任する前の段階では、**人事や人材に関する細かな情報は持ちすぎないほうがいい、むしろ知らないほうがいい」**というのが、私の考えです。

新社長として着任する際にはよく、前任者との業務引き継ぎのためのミーティングが設けられます。そこではさまざまな業務上の引き継ぎや会社の内部事情などの情報交換が行われるのですが、人材について話が及ぶことも多々あります。

だいたいは「あの役員はずっと営業畑だった」「○○部長は海外勤務が長かった」「○○君は頼りになるよ」「あの人はまじめだよ」ぐらいの話なのですが、中には懇切ていねい、かつ事細かに、説明してくれる前任者もいます。

「誰々はこういう人物で、こういうことを言い出す傾向がある」
「誰それはこんなタイプで、これまでにも何度か問題を起こしていた」
「誰々は○○大学出で、頭はキレるけれど、人望はイマイチ」
「誰それは、実務は堅実にこなすが、管理職の器じゃない――」

このような**個人の人間性や具体的な資質についての突っ込んだ情報は〝話半分〟で聞き流し、あまり引きずらないほうがいい**でしょう。この時点では従業員個人の「社歴」や「学歴」などのバックボーンも、深く知る必要はありません。

なぜなら、誰かがもたらす「あの人は○○な人」的な情報は、冷静で公平で的確な評価というよりも、**「私はそう思っている」という個人的な印象にすぎない**からです。

また、**同じ人なのに、立場の違う人からの印象や評価が正反対といったケースも**。上司が見たAさん、後輩が見たAさん、取引先の人が見たAさん、それぞれの印象がすべて違い、**同じ人物とは思えないほど評価が分かれることも珍しくありません。**

つまり、たった一人や二人の個人的な他者評価だけで、「誰々さん」の人物像を決めてしまうのは**非常に危険**だということです。

顔合わせもしないうちに「詳しすぎる事前情報」や「個人的な印象」を聞かされると、それは否応なしに先入観となって頭の片隅に残ってしまいます。

そして本人と会ったときに、その**先入観が邪魔をして洞察力のバランスを欠き、評価にバイアスがかかってしまう可能性**もあります。特に前（現）社長のように影響力が大きい人の話は、どうしても引きずってしまいがちなので要注意です。

人の資質や能力とは、他者からの情報に左右されることなく、直接会って話し、自

分の目で仕事ぶりを見て評価するもの。それにより新たに社長として着任した自分の判断基準をもって組織を動かす。そのためにも、フラットな人材評価の障害となりえる事前の詳細な人事情報はできるだけシャットアウトする。これもまた、知らない人ばかりの新天地に赴く〝よそ者リーダー〟の大事な心得のひとつです。

「よそ者リーダー」の心得

19

人事や人材の、詳しすぎる事前情報は、耳に入れない、あるいは話半分で聞き流す。特に前任者からの人事情報には要注意！

その1

「人材洞察」マネジメント――人を見極め、動かし、まとめる

相手の「第一印象」も、引きずらない

人の資質や能力、人間性などは事前情報に頼らず直接会って見極めるべきということはすでに申し上げました。しかし、だからといって「直接会えばすぐにわかる」というものでもありません。

特に**初対面での第一印象には要注意です。**

例えば、生産部門で叩き上げてきた職人気質のベテランなど、不器用で口下手、いつも不愛想でつっけんどんな態度の人。

本来は無口で物静かなタイプなのに、営業職が長いために社交的で如才ない言動が身についてしまっている人――。

ある程度付き合わなければ本来の姿が見えてこないこともあります。むしろ、そのケースのほうが多いのではないでしょうか。

そもそも第一印象とは、見た目や姿勢、口調や声などから感じ取るだけの、相手の表面的で一方的な情報によって決まるもの。相互のコミュニケーションにまで至らない状況下でのイメージでしかないのです。

しかし、**最初の数秒で決まってしまう第一印象は想像以上に強固で変わりにくく、いつまでも〝尾を引く〟もの**なので、やっかいです。初対面での評価にこだわりすぎてその人の資質を見誤ったという失敗例は少なくありません。

つまり、**最初に会ったときの印象イコール、その人の本当の姿とは限らない**ということ。ゆえに、**新たなチームのメンバーに対する第一印象は引きずらない**というスタンスが大事になります。

加えて、私が**相手の「第一印象」を評価しない理由がもうひとつ。それは「相手もこちらの様子を見ている」から**です。

特に〝よそ者社長〟の場合、外部から着任するこちら側も、それを迎える側も、初対面の段階では、

「この会社の従業員たちはどんな感じなんだろう」

「今度の社長はどういう人物なんだろう」

という不安定な感情を抱えています。いわば、お互いが相手の肚の内を探り合っているような状態なのです。

こういうときの行動は人それぞれ。最初から本当の自分をさらけ出してくる人もいれば、ガードを固くして自分らしさを押し隠し、先に相手の出方を見ようとする人もいます。時にはガードを固めながらも、相手を試すように〝ジャブ〟を打ってくる人もいるでしょう。

新しい社長が若かったり外部からの〝よそ者〟だったりする場合、洗礼とばかりに古参の役員や従業員がわざと試すような態度を取ってくるようなケースはよくあります。

生産部門に「作業工程が曖昧なので、全体像をざっと説明してください」と言うと、

「この資料に、すべての手順とプロセスが詳しく書いてあります」

「これを読んでいただければわかります」

と、**分厚いマニュアルをドン**。

監査系の部署で、「最近あった問題を、かいつまんで教えてください」と頼むと、

「ここに過去1年分の監査記録がありますから」

「これを見ていただかないと、本当の問題点はわかりませんよ」

と、**大量のファイルをドン**。

かと思えば、何を聞いても、

「何も知らないあなたに話して、何がわかるんですか？」

とまともに答えてくれず、とぼけた返事しかしてくれない――。

知人の若い社長からも、着任早々にベテラン管理職から「社長ならこのくらい知っていてください」と、**嫌がらせのように大量の資料を押し付けられた**といった話を聞いたことがあります。

でも後に、彼は管理職たちの仕事への姿勢に触れ、管理職たちは彼の社長としての仕事ぶりを目にして、状況は変わっていったと言います。管理職たちも態度を改め、「あのときは失礼しました」となり、そこからは良好な関係を築けたのだとか。

その社長いわく、

「最初は感じの悪さにムカッともしました。でも、彼らも『本当にこの人に会社を任せられるのか』『現場の仕事を理解しようという気持ちがあるのか』をはかりかねていたからこそ、あのような言動になってしまったのだと思います」と。

この意識こそ、**〝よそ者社長〟に必要な思慮であり、姿勢なのです**。

彼が最初の〝探りのジャブ〟だけで「反抗的で感じの悪いヤツ」とネガティブな評価をして遠ざけていたら、管理職たちの**本質的な思い**を読み取れなかったでしょう。その結果、組織にとって本当に必要な人材を失っていたかもしれません。

私自身にも、第一印象や最初の頃はやや反抗的とも取れる態度だった人が、信頼できる参謀になったという経験があります。

「だって何にもわかっていない人が来て、ここまで守ってきた会社をメチャメチャにされるんじゃないかと思って〜(笑)」

「どんな極悪人だと思ってたんだよ!」

後には笑い話になりましたが、最初はお互いに疑心暗鬼だったというわけです。

もちろん、第一印象そのままの「本当に意地の悪いヤツ」もいるかもしれません。でも、仮にそうだとしてもそれだけで決めつけるのは、経営者として拙速にすぎるというもの。

相手のことがよくわからないからこそ、初対面での態度や印象だけで「この人はこういう人」と評価すべきではないのです。

「新しいリーダーに対しては誰でもガードが固くなりがち。最初はそういうものだ」と、淡々と対応しましょう。大事なのは初対面後の行動や態度、周囲の人からの評価などから、その人の**「真の思い」や「真の能力」を客観的かつ総合的に見極めることな**のです。

「よそ者リーダー」の心得

20

着任直後はこちらも従業員も、お互いが〝探り合い〟の状態。たとえ第一印象が悪くても、それだけで相手を評価しない。

その1

「人材洞察」マネジメント ――人を見極め、動かし、まとめる

早い時期に極力「全従業員と面談」する

組織が抱える問題、今いる人材の能力、この会社の「現在価値」あるいは「潜在能力」を正しく判断するための材料集めとして、従業員との面談は不可欠です。ここでこそトップとしての「洞察力」を発揮しなければなりません。

事前情報と第一印象による先入観を排除し、従業員の資質を自分の目で見極める。そのために新社長として着任したら、極力**「すべての従業員との1対1での面談」**を行いましょう。

私のこれまでの経験から断言しますが、この**「全員との面談」は、よそから来た凡人社長が経営を進めるにあたって、絶対にスルーできない必要不可欠なプロセス**になります。

全員となんて無理――と腰が引けるかもしれません。しかし従業員が１００人前後までなら全員と、それ以上の規模の場合でもキーパーソンを中心に同じく１００人程度と、なるべく早い時期に〝サシで〟話す機会を持つことは、社長の必須業務と考えましょう。

とかく新しい経営トップと現場の従業員との間には距離ができるもの。そのトップが外部から来た〝よそ者〟なら、なおさらです。

協働・合意形成型の経営スタイルで成果を出すには、メンバー一人ひとりと会って話し、その人物像を知ることが非常に大事になります。

個々の話から、誰がどんな専門的な知識・知見・能力を持っているか。自分が目指す経営に必要な能力を持っている人材はいるかなどを把握していきます。

また、専門外の業種の社長を任された人にとっては、自分が知らなかった業界の考え方や価値観を、〝先輩〟である従業員から学ぶ絶好の機会にもなります。

それ相応の時間がかかるのは仕方ありません。

理想を言えば、着任後半年以内にひと通りの面談を行うのがベストですが、会社規模によって「30日でできる」「100日は必要」「ウチはそれ以上かかる」といった差はあるでしょう。また、支社や事業所などの地方拠点まで含めれば、さらに時間が必要になるのもやむをえません。

しかし、たとえある程度の期間を要することになっても、**可能な限り全員と面談することを目指していただきたい**。

ここは有言実行の精神で、着任後に行う最初の朝礼などで、**「半年以内に、みなさん全員と面談する時間を設けます」**と宣言してしまいましょう。この面談には、費やす時間に代えられない大きなメリットがあるのです。

ここでは参考までに、私がこれまでに実践してきた「全員面談スタイル」を紹介します。

- **面談は、原則として各部門とも一般社員から始め、それから主任クラス、管理職という順番で進めていく**
- **事前に人事部でその人のプロフィールを用意してもらい、目を通しておく**
- **面談の所要時間は一人平均20～30分、時間厳守**

私が実践してきた「全員面談スタイル」

- 面談は、原則として各部門とも一般社員から始め、それから主任クラス、管理職という順番で進めていく
- 事前に人事部でその人のプロフィールを用意してもらい、目を通しておく
- 面談の所要時間は一人平均20～30分、時間厳守

↑

「あなたという人を知りたい」
「会社で何を実現したいのか教えてほしい」
というスタンスを崩さない（生々しい質問や詰問はNG!）

これが基本になります。

そして現状の業務をベースに、これまでのキャリアや将来的なこと、自分の仕事や会社に対する思いや意見などを聞き取ります。あくまでも、「あなたという人を知りたい」「会社で何を実現したいのか教えてほしい」というスタンスを崩さないように。

またこのときに、

「前期の結果はどうですか？　どう自己採点していますか？」

「今抱えている課題をどうしたらいいと思いますか？」

といった生々しい質問や、詰問するような口調は避けてください。

相手が「分析されている」「テストされている」「評価されている」という警戒心を抱いてしまうと本心を話してもらえなくなります。

ちなみに上司を後にするのは、先に上司から「部下の評価」を聞くと、それが先入観になってしまうからです。

「よそ者リーダー」の心得

21

面談では、「あなたのことを知りたい」というスタンスを貫く。一般社員から話を聞き、業績に関する質問や詰問口調は避ける。

その1

「人材洞察」マネジメント ――人を見極め、動かし、まとめる

全員面談で留意すべき4つのポイント

次に、面談の際に留意すべき、4つの具体的なポイントを挙げていきます。

① 聞き役に徹し、相手に話させる

こうした面談でありがちなのが、社長が一方的に自分の話をして終わってしまうケース。社長には「話し好き」な方が多いので、思い当たる人は要注意です。

社長との面談、どうだった?――いろいろお話を聞かせていただきました。

言いたいことは言えたの?――いえ、私はあまり話せなかったので。

これでは、マンツーマンで面談をする意味がありません。

この面談は「従業員のことを知る」ためのもので**主役は従業員**です。こちらの話や会社の事情を訴える場ではないことを自覚し、聞き役に徹してください。

もちろん「相手に自分の話をさせるための糸口を提供する」「相手に質問する」「相手の質問に答える」など、こちらから話をするタイミングもあります。ただ、そうした場合でも、相手が話し始めたら**すぐに話の主導権を譲りましょう**。

とにかく重要なのは「相手に話させる」ことです。おおよその目安としては**「相手の話を聞く時間：8」と「こちらが話す時間：2」**くらいの割合で十分です。自分で意識して時間配分に気をつけてください。

こちらから話したくても、そこはじっと我慢。社長という立場ならこの面談以外にも、従業員に向けて伝えたいことを発信する手段や機会はいくらでもあるのですから。

② 必ずメモを取る

私がこうした面談で常に心がけているのは、面談時の印象や話の内容を**メモに取って残しておくこと**です。1から10まで事細かに書く必要はなく、**箇条書きの簡単なもの**で構いません。

何十人、何百人もの従業員と面談するのですから、印象や内容をすべて覚えておくことなど不可能です（少なくとも私は）。しかしメモを取っておけば、経営を進めていく中で必要に応じて「この人はこんな印象だったな」「この人は最初、こんなことを言っていたな」と確認することができます。

時には、面談での印象と後に仕事の現場で会ったときの印象がまったく違った、面談で聞いた話と実際の状況がかなり食い違っていた、なんてことも起こりえます。

そうしたときに面談のメモがあれば、そのメモと現状との齟《そ》齬《ご》を修正することで、その人の資質についての情報をアップデートできます。

ただし、そのメモを物証にして、「君、面談では○○と言っていたけど違うじゃないか」などと従業員を問い詰めたり、叱責したりしないこと。面談でのメモは、「言った、言わない」の言質を取るためではなく、自分の〝人を見る目〟の確認や修正だけに使うものと心得てください。

さらに、しっかりメモを取りながら面談することで、**従業員一人ひとりに対して、「形式的に聞き流すのではなく積極的に、あなたの話に耳を傾けていますよ」という前向きな姿勢を示す**こともできます。こうしたちょっとしたことも、社長としての人心掌握のカギになるのです。

③決めた時間は厳守する

すべての従業員が対象となるオープンな面談で**いちばん重要なのは「公平さ」**です。

その基本となるのが時間です。つまり「面談時間は一人20分」と決めたら、誰が相手でもその時間をきっちり守るということ。

こうした面談では、誰もがほかの人の様子を気にしていて、面談後の表情や時間の長さなどにも敏感になっているもの。誰々は20分のところを1時間も話していた、誰々は10分もしないで終わったなど、人によって**面談時間が異なるだけでも不公平感が生まれて、あらぬ憶測を招きかねません**。

「社長と盛り上がって、気づいたら1時間も話しちゃった。これってオレだけ？」という事態は避けなければいけません。

そのためには、どんなに話が長くなっても時間になったらスパッと終えることが大事になります。

相手の話に熱が入ってかなり長引いてきたときは、「そこがポイントなのは理解しました。必要であれば、後日また聞かせてください。さて次に――」など、状況に応じて**面談の進行をリードするのも聞き役の務めです**。

公平さに留意するという点では、**面接の順番や聞き取り内容についても同じ**こと。着任前から面識や付き合いがある役員クラスでも、面談は面談として他の従業員と同じルールのもとで行ってください。普段の会話と業務としての面談はまったくの別物。**「君とはいつも話しているから面談はいいいか」といった特別扱いはNG**です。

全員が対象の面談では、すべてを一定のルールに沿って公平に粛々と行い、人によって**例外をつくらない**ことが重要なのです。

④ 感情に左右されない

感情に左右されず、冷静さを失わない――。これも私が、従業員との面談で常に自分に課してきたルールです。

私にも経験がありますが、面談で専門知識を振りかざしてマウントしたり、敵対心をにじませたり反抗的な態度の人もいます。

しかし、ネガティブ感情をワーッとぶつけてくる人に対して、売り言葉に買い言葉で感情的になって反応したり、萎縮して下手に出たり、壁をつくって距離を置いたりしてしまうと、冷静になって相手の話を聞くことができません。

また、調子のいい言葉で持ち上げられて舞い上がってしまっても、的を射ない応答に対してイラ立ってしまっても、やはり冷静さを欠くことになります。

この**面談は自分の「敵味方」や「好き嫌い」を識別する場ではありません**。従業員一人ひとりの「人」を見定めるために行うものです。

全員面談で留意すべき4つのポイント

❶ 聞き役に徹し、相手に話させる
「聞く:話す=8:2」くらいの割合で

❷ 必ずメモを取る
箇条書きでOK
メモを取ることで前向きな姿勢を示す

❸ 決めた時間は厳守する
いちばん重要なのは「公平さ」

❹ 感情に左右されない
誰に対してもフラットな精神状態で応対する

そのためには**どんな相手に対してもフラットな精神状態で応対する**こと。常に自分の感情の動きを把握し、カチンときても、ムカッとなっても、いい気持ちになっても、イラッとしても、その瞬間の感情をグッと抑えて**常に冷静さをキープする自制心**が求められるのです。

とはいえ、社長だって人間です。自信に満ちたカリスマではない凡人なら、時には感情がグラリと揺れてしまうこともあるでしょう。

そのようなときはどうすればいいか。

感情的になりかけた心の〝ざわつき〟を鎮めるために、実は②で挙げた

「メモを取る」ことが役に立ちます。相手が言うことをただ聞くだけでなく、「文字にして書く」というアクションによって冷静さを取り戻すことができるのです。

私も相手の言葉にカチンときたときにはよく、**その言葉をこっそりとメモに書きつけることで、感情をコントロールしました**。

相手の言葉だけでなく、**自分の感情を書きつけたことも**。「キーッ」「何言ってるんだ」「許さん」など、とても他人様に見せられたものではありませんが——。

もちろん口に出して言うのはアウトですが、相手に見られないよう気をつけつつ、こっそり書くだけなら罪はありません。それによって冷静になれるならなおのこと、それでいいのです。

実際、「ストレスの原因を紙に書き出す」という行為は、アンガーマネジメントのテクニックのひとつにも挙げられています。頭に血が上りやすいという自覚がある人は、ぜひ試してみてください。

「よそ者リーダー」の心得

22

従業員との面談は社長の自己アピールの場ではない。公平かつ冷静な態度で聞き役に徹し、個々の資質を知ろう。

その1

優秀な人材を手放してしまった、2つの失敗談

「人材洞察」マネジメント――人を見極め、動かし、まとめる

私が**従業員との面談の重要さを思い知った失敗談**をご紹介しましょう。

ある会社で〝よそ者社長〟として指揮をとっていたときのことです。

当時の事業責任者は前社長が招聘した人物で、若いけれど前社長からの信頼も厚い、非常に優秀な人材でした。着任後に面談した私の評価も「若さゆえに周囲とハレーションを起こすこともあるが、間違いなく将来的に会社を背負って立つ人材」というもの。

実際に大変優秀で、資質や実績は申し分ないものの、彼のやや独りよがりな仕事ぶりへの批判の声も少し聞こえてきたことが気になっていました。そこで数年後、彼により広い視野で会社全体を俯瞰して見てほしいと考え、事業責任者から経営スタッフの長に異動させたのです。私としては抜擢のつもりでした。

ところがその異動が彼に**「自分は社長に、事業部長を外された」という誤解を与えてしまった**のです。結果、異動後しばらくして彼は辞表を出しました。

将来は経営陣に入ってもらいたい。だからこそ、さまざまなポジションを経験しておいてほしい——。私はこの思いを面談の場で彼に伝えたつもりでいました。そして、**「彼はこちらの思いを理解してくれているはず」だと思い込んでいました。**

しかし、実際には私の真意を伝えきれてはいなかったのです。

さらに、

「自分は会社の経営に関わりたいわけじゃない。現場のトップという今の仕事に大きな魅力とやりがいを感じているから、ここで自分の力を発揮したい」

という**彼の仕事への熱意を、十分にくみ取ることもできていませんでした。**

今思えば、「早い段階で優秀な経営者人材を育成しなければいけない」と焦ったがために、彼の優秀さに早計に飛びついてしまった部分もありました。

また、**「優秀な人だから、詳細に説明しなくても意図をわかってくれるだろう」という勝手な解釈**もありました。

もう少し時間をかけてコミュニケーションを深めていったら、ひょっとしたら、彼の中にも「経営」という仕事への関心が生まれていたかもしれません。恥ずかしながら、当時の私の人材洞察力の甘さとコミュニケーション不足が原因としか言いようがありません。

最終的に、彼は退社して某大手企業に移り、大きな事業部を受け持つ執行役員として立派に活躍しています。それを聞いて、改めて「やはり、あのときの自分は間違っていたんだ」と猛省しました。

その人の資質を活かしたい場所が、会社（社長）側と本人とで異なっている。

会社が持つ「こうなってほしい」という期待と、本人の「こうなりたい」という希望が違っている。

こうしたことは往々にしてあります。

もちろん、従業員の事情ばかりを優先していたら会社経営は成り立ちません。会社という組織を構成し維持していくためには、本人の意に沿わない人材配置や人事異動が必要になることもあります。

しかしそうであっても、**人材の配置は従業員としっかりコミュニケーションをとって相手の思いを把握し、最大限に考慮した上で行われるべき**です。そして可能な限り「本人の能力伸長」と「組織での活用」を両立させるためにも、全員との面談が不可欠なのです。

不十分なコミュニケーションが招いた、**忘れられない失敗**がもうひとつあります。指揮をとっていた会社が、何とか経営が軌道に乗って業績も上向き始め、上場も見えてきた頃のこと。売上をもう一段階アップさせるために、人事異動を行いました。

その一環として「やや強引なところはあるけれど、弁も立って仕事もバリバリこなすベテラン従業員」を生産部門から異動させ、営業部門でひとつの事業部を任せることにしたのです。

彼は元々営業経験者でやる気満々。私もきっと力を発揮してくれると見込んでいたのですが、結果的にその異動は失敗に終わりました。

新しい部署で少しでも早く成果を出そうとして、がんばりが空回りしたのでしょう。部下に対する高圧的な態度が問題になったり、在庫運営の不備が生じたりと、立て続けにトラブルが発生。会社の業績にも損害を与えてしまったのです。

社内での責任追及の声も抑えきれない段階まできたこともあり、彼には責任者として別の部署に異動してもらうことにしました。さすがにこの状況ならば、彼も「なぜ自分が異動になるのか、理由はわかっているだろう」と考えた私は、**内示の際に異動理由を明確に伝えませんでした。これがいけなかったのです。**

内示を知った彼は「自分がなぜそこまで責められるのかわからない」と猛反発。後で事情を説明したのですが、時すでに遅しでした。

押しが強くて強引な彼の性格をシビアに見極めていれば、トラブルも大事に至る前にストップできたはず。そもそも、最初の異動も断念できたはずでした。

しかし、そこでもまた「営業の最前線を任せることの意味をわかってくれているはず」という思い込みが、「社長の思いや期待はわかっているだろう」という任命責任者としての私の甘さとなってしまったのです。

結局、彼の中には被害者意識だけが残り、その後もずっと私との関係はギクシャクしたまま……。以来、私と彼は二度と肚を割って話すこともありませんでした。彼には本当に申しわけないことをしてしまいました。

この出来事は、今も身が縮むほどの**苦い失敗経験**となって胸に残っています。

焦りや思い込みによるコミュニケーション不足、それに気づかない未熟さや甘さ。社長としての自分の拙さゆえに優秀な人材を手放し、従業員との関係性を壊すなど、取り返しがつかない事態を引き起こしてしまった――。

ここに挙げた2つの失敗によって、**人事異動やマネジメントでは相手が肚落ちして納得するまでこちらの意図をしっかりと説明することが何よりも大切**だと、嫌というほど思い知らされたのです。

「よそ者リーダー」の心得

23

不十分なコミュニケーションによる早計な「抜擢」には要注意。本質を見落とし、重大なマイナスを引き起こすリスクにもなる。

その1

「人材洞察」マネジメント——人を見極め、動かし、まとめる

従業員の望みを引き出す「1つの質問」

私が2つの失敗で学んだのは、従業員の資質を知るには、**その人が会社で実現したいことは何か、何に高い満足感を覚えるのか**など、**その人が会社に求める「ベネフィット（やりがいや満足感）」をくみ取ることが大切**だということ。

例えば、次のようなものが挙げられます。

- **入社したからには、少しでも上を目指して出世したい**
- **出世するよりも、高い収入を得たい**
- **出世や高い収入は求めていないが、長く安心して働きたい**
- **将来、転職や独立を考えていて、そのために実績を上げて自分の価値を高めたい**
- **この会社が好きで、この会社で働くことに喜びを感じている**

従業員の望みを引き出す
「1つの質問」
10年後、
あなたは
どうなって
いたいですか？
その人が会社に求める
「ベネフィット（やりがいや満足感）」をくみ取る

・この会社というよりはこの仕事が好きで、ずっと打ち込みたい
・ここで働く仲間が好きだから、この会社で働いている
・他者評価を重要視して、周囲から「いい人」と思われたい

とはいえ、全員面談や普段のコミュニケーションで、社長に面と向かって正直に「将来的には転職したい」「よそより給料がいいから働いている」「独立を視野に入れて仕事をがんばっている」と言ってくる人は、そうそういないはず。だからこそ、こちらが「この人は、そういう気持ちを抱えているんだろうな」と、本音のところを探り取る必要があるのです。

ただ、言外の本心を探るのはなかなか難しいもの。そこで、私が従業員との**面談でいつも使っている〝1つの質問〟**があります。それは、

「10年後、あなたはどうなっていたいですか？」

この質問に対して、次のような答えが出てきます。

- 出世したい人なら、**「こういう役職に就いていたい」**
- 転職を見据えて自分の価値を上げたい人なら、**「こんなスキルを身につけたい」**
- 今の仕事を淡々と続けたいという人なら、**「今とあまり変わらなくていい」**

「10年後の自分」という質問への答えに、漠然とではあっても、その人の仕事や会社へのスタンスをうかがい知ることができるヒントがあったりします。

ぜひ、参考にしていただければと思います。

「よそ者リーダー」の心得

24

従業員に「10年後の、自分のなりたい姿」を聞いてみよう。「会社や仕事でいちばん大事にしていること」を知るヒントが。

その１

「人材洞察」マネジメント　――人を見極め、動かし、まとめる

「いい人」か、それとも「いい顔をしたい人」か

今の時代、社内の「困った人材」として真っ先に挙げられるのは、いわゆるハラスメントに走る人たちです。

仕事上の優位性を盾にしていじめや嫌がらせをする、厳しさをはき違えて部下を怒鳴ったり罵倒したり、時に暴力を振るったりする「パワハラ」。性的な話題を持ちかけて相手に恥ずかしい思いをさせたり、やはり優位性を利用して性的な言動や行為を強要したりする「セクハラ」、さらには「モラハラ」「マタハラ」など。近年は特にこういったハラスメントが社会的に問題視されています。

しかし、会社にはハラスメントに劣らず、場合によってはそれ以上に厄介視されている困った人材がいます。

それは**「いい人でありたい人」**です。

先にも挙げたように、**「いい人」だと思われることに満足感を覚え、他者評価の向上を仕事でのベネフィットと考える人がいます。**

困るのは他者評価を上げるために「いい顔をしようとする人」です。特にこのタイプがリーダー職に就いている場合は、注意が必要になります。

例えば、本人は「部下の気持ちを理解しているリーダー」のつもりでいるけれど、**実際にはただ甘やかしているだけ**というケース。

こういうタイプは、チーム内でのコンフリクト（衝突や対立）を極力避けたがります。誰にでもいい顔をしたいがゆえに、リーダーとして言うべきことも言わず、苦言を呈することもせず、叱ることも意見を戦わせることもせず、**とにかくすべての物事を穏便にすませようとする。**ひどい場合は、何かトラブルがあっても隠したりします。これは**本来のリーダーシップではありません。**

その結果、チームがチームとして機能せず、人が育たず、仕事の成果も出ないというケースは、想像以上によくあることなのです。

リーダーは、「いい顔をしている」だけでは務まりません。

どれだけがんばっていようが、仕事は業績を上げてナンボの世界。結果につながっていないのなら、毅然とした態度で部下に業務を遂行するよう促し、適切なサポートをする。これが本来あるべきリーダーシップです。

もめごとを避けたいだけ、「周囲とうまくやれる人」と思われたいだけ、そのような**「自己保身のためのいい人」**になったところで、周囲との信頼関係は築けません。

そういう人は、「いい人」どころか、ただの八方美人として、**「事なかれ主義で確固たる信念がない、頼りない人」**と思われる危険性さえあります。

穏やかで心優しいキャラクター自体を否定しているわけではありません。

「いい人」「優しい人」「わかってくれる人」になることを優先して、やるべきことをやらないのは、ビジネスパーソンとして本末転倒だということなのです。

そもそも**「いい人」とは、「なろうとしてなれる」ものではありません。**

言うべきことは言う。尻を叩くときは叩く。締めるところは締める。認めるべきことは認める。評価すべきは評価する。その姿勢を**周囲から高く評価される人が、「本当のいい人」**なのです。

また、「いい顔をしたい」タイプの人は、面談でも会議のときでも、やたらと「チームのまとまり」や「みんなのがんばり」を強調する傾向があります。

例えば、会議で仕事の成果が出ていない点を質されると、次のように弁明します。

「状況はよく理解しています。でも、みんなよくやってるんです」
「結果にはつながっていませんが、チーム一丸となってがんばっていますから」

たしかに「部下を守っているいいリーダー」のようにも聞こえます。しかし仕事である以上、がんばるのは当たり前です。そこに結果がついてこないのなら、結果が出るようにチームを鼓舞し、引っ張るのがリーダーの役割でしょう。あるいは、結果が出るように仕組みを変えるなど、何らかの策を講じて然るべきです。

「結果が出なくても、がんばっている部下たちを認めてあげてください」は、「自分は仕事をしていません」と同意語なのです。

この人は「本当のいい人」か、「いい顔をしたいだけの人」か。

その見極めもまた、社長としての**人材洞察力が試される場面**です。

「よそ者リーダー」の心得

25

「結果が出なくても、部下たちはがんばっている」には要注意。「いい顔をしたいだけの人」は、会社にマイナスなことが多い。

その1

「人材洞察」マネジメント　――人を見極め、動かし、まとめる

ずば抜けた経歴は、人を見る目を曇らせる

高学歴で学業成績もよく、ＭＢＡも取得して、語学も堪能で――。そのような誰もが認める「優秀な人」というプロフィールを引っ提げていながら、いざ仕事に臨むと、その優秀さを発揮できない人がいます。

人の資質の見極めというミッションを遂行する上で、しばしばぶつかるのが「成績は優秀なのに仕事ができない」というタイプの存在です。

「勉強ができる」イコール「仕事ができる」とは限らないのは、ビジネスの世界でのセオリーです。しかし、それでもずば抜けた経歴は人を見る目を曇らせるもの。いまだに〝看板に偽りあり〟の落とし穴にハマってしまうケースが後を絶ちません。

ここで再び、私の失敗談を披露させてください。

ある会社で社長を任されていた時期のこと。当時の株主の方のお知り合い経由で「経営者人材に相応しく、優秀さはお墨付き」という人を紹介されました。ちょうど私も経営能力に長けた人材の必要性を感じていたため、〝これ幸い〟とすぐに面接し、管理部門のトップに採用することにしたのです。

ところがこの採用は、結果的にうまくいきませんでした。

彼は高学歴で頭も切れるし、語学も堪能、理解力も高く、非常に有能な人材でした。しかし残念ながら、社会人にもっとも必要とされる「コミュニケーション能力」に欠けていました。

ストラテジーは構築できる。詳細な事業計画書も作成できる。キャッシュフローを回す力はある。しかし、**リーダーとしていちばん大事な「人」を動かす力が不足していた**のです。

入社早々「吉野さん、このやり方は絶対に変えなきゃダメですよ。私が部門長にガツンと言ってやります」。この、よく言えば意欲のある、悪く言えば半ばケンカ腰の物言いが、イヤな予感の始まりでした。

彼にしてみれば、期待に応えようとして、がんばりすぎたのかもしれません。優秀さゆえに社内の人間を〝上から目線〟で見ていたのかもしれません。

しかしその後も、「何なんですか、あの人。何にもわかってない」「こんなことも理解できないなんて考えられない」と、あちこちでハレーションを起こしてしまいます。

私が「じっくり実態を聞き取ってから話そうよ」と制しても、どんどん突っ走ってぶつかり続け、ついに職場で総スカンを食らってしまいました。しかし当の本人は、「この会社に自分を理解できる人はいない」と、憤慨するばかり。

最終的に、彼の中で「自分が認められないのは吉野社長のせい」という結論に行き着いたようで、紹介してくれた方に「何だ、あの社長」とクレームが入っていたと、後になって聞きました。

そうした事情で、彼は短期間で退社していきました。会社にとっては安くない人件費を払って振り回されただけ。彼にしても、本人が思い描くキャリアを築くことができず、互いに納得できない時間を過ごしただけになってしまったわけです。

今にして思えば、どうして最初の面接で彼の優秀さだけでなく、「コミュニケーション能力不足」を見抜けなかったのか……。

私に彼を受け入れ、コントロールできるような才覚がなかったこと。そして勉強ができる**「優秀さ」だけに気を取られ、実際の仕事における「有用さ」や「有能さ」を見誤ったことによる失敗でした。**

もちろん、期待通りに活躍してくれるケースも多く、「優秀な人間」がすべてダメだと言っているわけではありません。

この失敗の後、改めて経営企画室長を採用したときはうまくいきました。彼はまだ若かったのですが、本当の意味で「優秀」だったのです。

私がその優秀さ以上に評価したのは、彼の謙虚さでした。妙にへりくだった態度でもなく、**愛想がいいわけでもない。でも新しい環境で素直に学ぼう、新しい会社での自分の役割に必要なことは何でも吸収しようという気持ちを持っていました。その姿勢を「優秀であり、なおかつ有能」と判断した**のです。

それまでに多くの会社で積み重ねた経験があっても「それはそれ。この会社にはこの会社なりの理屈や課題があるから、まずはそれを理解することが大事」と、自分のキャリアをリセットできる。

「そのことについては、まったくの専門外なので教えていただけますか」

「すみません、次までには勉強しておきます」

「こういう考え方もありではないかと思うのですが、どうでしょう」

といった態度でコミュニケーションをはかれる。

こうした人物ゆえにすぐ会社に馴染んで周囲からも信頼され、持ち前の優秀さをいかんなく発揮してくれたのです。

経営トップ、特に早急に結果を求められている社長ほど、キャリアや成績、資格といった「目に見える優秀さ」だけに惹かれてしまいがちです。しかしそういうときこそ一歩引いて「優秀な人物」の真価を見極めなければなりません。

多様な人材が連携し、バランスを取り合って成立している会社組織で求められるのは、やはり**「謙虚さとコミュニケーション能力に裏打ちされた優秀さ」「有能さを兼ね備えた優秀さ」なのです。**

「よそ者リーダー」の心得

26

「優秀な人材」と「有用・有能な人材」を取り違えない。一歩引いて「真に優秀な人材か」を見極める。

その1

「人材洞察」マネジメント――人を見極め、動かし、まとめる

「順調です」「大丈夫です」は、真に受けない

「人材の見極め」が難しいのは、**人の言葉と行動が必ずしも一致しない**からです。

「仕方ない、ササッと適当にやっちゃいますか」なんて軽口を叩いたり、「次から次に難題を持ち込んでくるよねぇ、まったく」なんて文句を言ったりしながら、どこか面倒くさそうにふるまっている人が、よくよく見ると誰よりも責任感をもって仕事に取り組んでいる。

不愛想で取っつきにくくても仕事はきっちり仕上げる。

上司を上司とも思っていないような態度を取っていても、一度引き受けたら間違いのない仕事をする。

言うべきことは遠慮なく言うけれど、やるべきことは確実にやる。

口は悪いが仕事は図抜けてできる。

こうしたタイプは、人当たりはともかく、**仕事においては信頼のおける人材**と言えるでしょう。

その逆で、社長や上司に対してやたらと調子のいいことばかり言ってくる人もまた、どの世界にもいるものです。

例えば仕事の進捗状況を聞くと、決まって、

「その件は順調です」

「何の問題もありません」

明らかに進行が滞っていて「本当に大丈夫？」と念を押しても、

「いえ、順調です」

「御心配には及びません」

――このように、こちらが**念を押して状況を確認しているにもかかわらず、ただ「順調です」としか答えない人を、私はあまり信用していません。**

そういう人に限って、

「私には全然順調に見えないのですが、具体的に何がどう順調なんですか？」

ともう一押しすると、適当なことを言ってごまかそうとします。

さらに、

「このままだとこんな事態が起きそうですが、何か策は講じていますか？」

と畳みかけると、何の対策も取っておらず、「それはその状況になってから――」などと言い始める。こんな状況に何度となく遭遇してきました。

大手企業で管理職をしている知人には**「部下の『順調です』という言葉にアレルギー反応が出るようになった」**と言う人もいるくらいです。

私も「順調です」で手痛い経験をしたことがあります。

社長を任されたある会社でシステム開発に取り組み、そのために新規の社内プロジェクトを立ち上げたときのことです。

新システムの導入には、従来業務や旧システムにおける改善点を洗い出し、それらを新システムの中でどう効率化するかなど、さまざまな検討事項や調整作業が不可欠になります。当然、それ相応の時間を要しますが、時間をかけすぎるとコストも跳ね上がってしまう。そのため新システム導入プロジェクトでは、その**進行管理も重要なポイント**でした。

プロジェクトの責任者は人柄が非常によく、細かい部分にも気がつくタイプの人で、立ち上げ当初は大きな問題もありませんでした。

ただ進行するにつれてさまざまな課題は出てきました。でもそれはある程度は織り込みずみ。最後まで何の問題もなしで遂行できるプロジェクトなどありません。

ところがプロジェクトの責任者は、いつ聞いても、何を確認しても、

「全体の進行は順調で、問題はありません」

「システム開発会社側に間に合わさせます」

という報告ばかり。

そしてこれは今も反省しているのですが、当時の私は、その言葉をそのまま信じて、「それなら大丈夫だろう」と思ってしまいました。

しかし実際の現場では多くの課題を抱えていたため、決して「順調」ではなかったのです。結果的にプロジェクトは費用・期間ともに予定を大幅にオーバーして、システム開発自体をイチからやり直すことになってしまいました。

私が**「順調です」の連発を信用しないきっかけとなった失敗談**です。

マイナス情報を耳に入れると自分の評価が下がる。問題ありだけど挽回できそうだ

から黙っていよう。そう考えるのもわからないではありません。中には、一度「順調です」と言ったら撤回できないという頑固な性格の人もいます。

しかし現状報告の目的は、仕事の優劣を評価したり、誰かを責め立てたりすることではありません。現段階での進捗状況を関係者の間で共有し、場合によっては計画の修正や新たな対応を検討するための**仕事上のプロセス**です。

仕事ができる人に仕事の進捗状況を問うと、

「○○は予定通り進んでいますが、△△に関しては、若干遅れ気味です。でもこの数日でペースが上がってきたので、○日後にはこのくらいまで仕上がる予定です」

といった**具体的な答え方**をするはずです。たとえ順調に推移していても「何の問題もなし。100%、オールオッケー」というざっくりした言い方はしないもの。なぜなら、現状報告の意味合いを正しく理解しているからです。

多少の問題があったって、最後の最後で帳尻が合えばいいという考え方もあるでしょう。しかし、それは違います。「結果オーライ」はただ運がよかっただけのこと。もし帳尻を合わせられなければ、最後の最後で取り返しのつかない事態を招くことになってしまいます。

現状報告は、こんなギャンブルのような仕事の進め方を避けるために設けられたプロセスなのです。

リーダーは、報告の場でやたら乱発される「順調」「問題なし」「大丈夫」を鵜呑みにしないこと。影響度の大きい案件や何か気になる点がある場合は、**自分の目で確かめるまでは「話半分」で聞いておきましょう。**

むしろ、そのような報告ばかりの人は、**「仕事の見立ての甘さに要注意」という評価をするくらいでいい**と思います。

大切なのは**「報告はバッドニュースファースト」**だということです。

日頃から従業員には、

「悪いことは最初に報告してください」

「トラブルはすぐに知らせてください」

と繰り返し伝え、**バッドニュースファーストを徹底する**ことです。

例えば、新しいシステムの導入や物流拠点の稼働など「新しい何か」がスタートしたときの報告を受ける場合、まずは不具合やトラブルなど、起こった問題について報告してもらい、その上で全体像を聞く。

どこの会社でも、普通は「概要の報告」から始まると思いますが、あえてそれは後回しにして、ネガティブな情報から報告してもらう。

このように、**「何かあったら必ずバッドニュースから」と周知徹底させる**ことで、**先ほどの「順調です」も封印できるのです。**

「よそ者リーダー」の心得

27

「順調です」という報告を鵜呑みにしない。むしろ要注意のサイン。報告は必ず「バッドニュース」からするよう、周知徹底させる。

コラム

洞察力を身につける　8つのToDoリスト

自分の眼力に圧倒的な自信を持つカリスマ経営者より、知識や能力に恵まれた切れ者社長より、**凡人リーダーのほうが高い洞察力を発揮する**ことがあります。

それはなぜか。

洞察力とは生まれ持ったセンスや感覚ではなく、**意識や学び、訓練や経験によって誰もが身につけられるスキル**だからです。

天賦の才ではカリスマや切れ者に太刀打ちできなくても、後天的に獲得できる能力ならば渡り合えるということ。凡人でも日々常に意識して研鑽を積めば、カリスマや切れ者以上の洞察力を身につけることは十分に可能なのです。

ではそのために、何を意識し、何を学び、何を鍛えればいいのでしょうか。

ここでは私が普段から意識していることと、私が洞察力の鋭さに一目置いている経営者仲間が実践している習慣を、いくつか紹介します。

①ピンキリの「ピン」を知る

芸術作品でも料理でも、商品でも技術やシステムでも同じこと。一流のもの、最高レベルのもの、「ピンからキリ」の「ピン」を知ることで、ものの見方や考え方の幅は大きく広がります。いいものを見抜く感性も磨かれます。逆に、自分の手が届く範囲、自分が理解できる範囲だけを見ていると、視野が狭くなってしまいます。

物事や人を見極める目を養うには、限度はあるにせよ、可能な限り**「上質なもの、一流のもの」に触れる**ことも大事だと考えます。

そのためには多少の投資も必要。不思議なもので清水の舞台から飛び降りるつもりで大枚をはたいた経験ほど、大きなプラスとなって返ってくるものです。

②幅広いジャンルの本を読む

読書も洞察力アップに効果的です。頭の中で作品の世界を疑似体験することで思考力や想像力が養われ、それが結果として洞察力の向上につながります。小説、ノンフィクション、ビジネス書、実用書、コミックなど、**ジャンルを問わず幅広い分野の本を読めば**、その分だけものの見方の幅も広がります。

特にビジネス書は、「自分だったらどうするか」「自社に当てはめたらどうなるか」と、現実に照らし合わせながら読むことをおすすめします。

③世の中のことを「自分に関連づけて」考える

知識へのアプローチ法はいろいろありますが、社長や組織のリーダーの場合は、**「広く浅く」**が基本（理想は広く深くですが）。政治、経済、文化、スポーツ、食から芸能、ファッションに至るまで、幅広く関心を持つことが大切です。

また、世の中の出来事や情報と向き合う際には、ビジネス書を読むときと同じように**「自分自身や自社に関連づけて考える」習慣**をつけましょう。そうすることで、自然と社会の流れや風向きをつかむ感性が身についてきます。

私が実践しているのは**「見える化」**です。頭の中でのシミュレーションだけでなく、気になるキーワードを書き出したり、図やイラストでマップをつくったりして「可視化」すると、より情報が整理されて関係性が見えやすくなります。

④業界の「一次情報」を得る

有用な情報が欲しいときは、それを持っている人に**直接会いに行く**。この発想とフットワークの軽さも、ぜひ習慣にしたいものです。

私も専門外の分野や初めての業界で仕事をするときは、最初に**「この分野（業界）でいちばん情報を持っている人は誰か」**を調べ、早い段階で会うようにしています。

その人は競合相手である同業他社の人のことも多いのですが、ライバルだからと躊躇することはありません。謙虚な姿勢で、しかし臆せずに堂々とお願いすれば、意外とすぐ会って話を聞かせてもらえるもの。時には、話をするうちに「業界全体で取り組むべき課題」が見つかったり、「会社の枠を超えて一緒にがんばろう」と意気投合したり。後の貴重な人脈になることもあります。

⑤異業種や別の世界の人の話を聞く

自分とは違う視点でのものの見方を知ることも、洞察力の幅を広げます。そのためにも経営者だけでなく、**技術者**や**研究者**、**芸術家**など、まったく**違う畑のプロフェッショナルと会う機会をつくる**ことをおすすめします。

わが家で長年お世話になっているベテランの植木職人の方がいます。その方と話すと「木の知識」だけでなく、木を通じて「社会のあり方」や「会社経営のあり方」のヒントが見えてくることも。はっと気づかされることも多く、私にとって彼との会話は非常に有意義な時間になっています。

⑥「人はいろいろな面を持っている」と考える

第一印象に引きずられないことの重要さはすでに述べましたが、人の資質を見極めるときに大切なのは、**ひとつの側面だけで決めつけない**ことです。

反対意見や文句ばかりでいつもネガティブな態度を取る人がいても、すぐに「イヤなヤツ」「反抗的なヤツ」と決めつけず、その言動の理由を考えてみる。

なぜ反対するのか、ネガティブな行動の根拠は何なのか。

その人が言う通り、まったく反対の考え方もあるのではないか。

口下手でコミュニケーションが苦手なだけで、実はいちばん冷静に考えている人かもしれません。人間だから人はいろいろな面を持っている——。そう考えて、常に**多角的に人を見る習慣**をつけると、大きな気づきを得られます。

⑦「色のついた情報」を見抜くように努める

インターネットやSNSの普及で「情報過多」になっている現代社会では、**「正しい情報を見極める」という意味での洞察力**も不可欠です。

情報は量が膨大になるほど〝玉石混淆〟になるもの。中にはフェイクニュースや恣意的なバイアスがかけられた情報も少なくありません。

その情報は本当に「事実」なのか、発信元は信用できるのか、恣意的に編集されてはいないか、解釈に偏りはないか——。情報を鵜呑みにせず、常に疑う姿勢で掘り下げて考えてみる。自分なりに〝裏を取って〟みる。

膨大な情報に翻弄されて玉石の「石」をつかまないためにも、情報リテラシーやメディアリテラシーの意識を持つことが重要になります。

⑧「小さな変化」に敏感になる

どんなに大きな変化でも、その兆候は「小さな変化」に表れることが多いもの。逆に言えば、小さな変化に気づくことで、より大局的な変化を予測し、対応することができるということです。

変化への感性を磨くためにも、**普段から身近にある小さな変化に対してアンテナを張っておきたい**ものです。

朝、いつも満員の通勤電車がやけに空いている。

ずっと空きになっていた貸店舗に新しい店が入った。

いつも元気な部下のあいさつの声が小さい。

「いつもと違う」「以前とは変わってる」――そんな**日常の中の小さな変化に敏感になる**。その変化を見逃さず、自分なりに検証してみる。

こうした毎日の習慣も、洞察力を磨くトレーニングになります。

8つのToDoに共通しているのは、さまざまな情報を自分なりに整理し、その向こう側にある〝**目に見えないもの**〟**を推測するというアプローチ**です。

洞察力は一日にして成らず。日々の生活で常にこうしたアプローチを意識し、習慣化することで、「見えないものを推し量る目」は少しずつ磨かれていくのです。

その2

組織への熱量が高い「プロパー社員」を大事にする

「一体感醸成」マネジメント――社内を観察し、従業員のベクトルを合わせる

一言で「従業員」と言っても、その出自はさまざまです。

新卒採用の社員もいれば中途入社の社員もいます。親会社や関係会社、出資先などから出向している社員もいれば、派遣社員や契約社員、常駐している業務委託先の社員もいます。

会社とは出自の異なる従業員が集まる「多国籍軍」のようなもの。

その〝将〟である社長にとって、会社をひとつにまとめる人材マネジメントのポイントは**「プロパー社員（新卒採用した生え抜き社員）もしくは長期に在籍する人を大事にすること」**にあると私は考えています。

なぜなら「新卒で入社してからずっとこの会社一筋」という**プロパー社員には、強い愛社精神や大きな熱量を持って仕事に向き合っている人が多い**からです。これまで

の実績や企業文化に誇りを感じ、会社のことを最優先に考えている人も少なくありません。

本人たちは「愛社精神」とは思っていないかもしれませんが、つまりは**「会社へのロイヤリティ（愛着度や信頼度）が高い」**ということ。自分が選んだこの会社が好き、この仕事が好きという、ポジティブな感情を支えにして働いている人が多いのです。

さらにプロパー社員同士は〝同じ釜の飯〟を食ってきた者たち。チームワークがよく、仲間意識や横のつながりが強いという側面もあります。

こうした、会社や自分の仕事に対して高いロイヤリティを感じているプロパー社員たちのモチベーションは、**ほかの従業員を巻き込む際の「土台」となりえる重要なファクターなのです。**

仮に破綻した企業であっても、多くの場合、悪いのは「経営のあり方」であり個人ではありません。新たな経営者として、その**会社一筋で培ってきたノウハウをリスペクトし、その意見に一目置く。**新しい経営トップのそうした姿勢を、彼らはきっと意気に感じてくれるはずです。

私が最初に社長というポジションを引き受けたときもそうでした。

前社長の尽力で、経営破綻からわずか2年足らずで再建の目処がついたという会社なのですが、業績の好転には一時的な要素も多く、私が引き継いだときには再び売上も利益も鈍化傾向。経営は楽なものではありませんでした。

実は前社長の退社に伴って、彼が着任時に連れてきた20人ほどの優秀な従業員が、「次の会社に連れていく」「ついていく」ということで会社を離れていきました。

外部からは「業績が伸びず、人材まで流出した」という見方をされることもありましたが、当時の私は、**それはそれでよし**と思っていました。

経営再建にあたって次のステージに進むために、前社長色をすべて継承するのではなく払拭すべきところは払拭し「吉野体制」へとシフトしたい。そのために人心を一新したいと考えていたため、むしろ「遠慮せずにどうぞ連れて行ってください」と送り出したのです。

しかし実際のところ、足元の経営は「楽ではない」どころか、「下手をすれば再破綻かも……」という大きな危機に直面していました。

そのような窮地にあって「みんないなくなったけど、オレたちががんばります」と声を上げてくれたのが、「入社以来この会社一筋」という叩き上げのプロパー社員たちでした。

もう一度、会社を完全復活させるために、ああしようこうしよう、これもあれもやってみよう――**プロパー社員たちが奮起したことで、後から加わった者も含めてすべての従業員が「会社のために」と結束。個々のモチベーションと目的のベクトルを合わせて奮闘してくれた結果、会社は危機を脱し、安定した経営を取り戻すことができた**のです。

私が社長に着任して最初に直面したピンチは、プロパー社員たちの会社に対する熱量やロイヤリティの高さに救われたと言ってもいいでしょう。

その会社を離れてからかなり経ちましたが、社長や役員が代わった今でも、会社はプロパー社員の人たちによって支えられています。

新天地となる会社では、プロパー社員を大事にする。

これは、私が実体験から学んだ〝よそ者社長〟のマネジメントの要諦です。

「よそ者リーダー」の心得

28

一見活躍が目立ちにくいプロパー社員こそ、まず大切にしよう。プロパー社員の強い愛社精神が、チームの土台となる。

その2

「一体感醸成」マネジメント ——社内を観察し、従業員のベクトルを合わせる

トップが率先して「価値観の違う人材」を受け入れる

プロパー社員が持っている会社へのロイヤリティは、会社組織の一体化を醸成するための大きな力になります。

ただ留意しておきたいのは、プロパー社員には**生え抜きゆえに生じるマイナスの側面もある**ということ。

例えば、ひとつの会社でしか働いたことがないプロパー社員は、ともすれば人間関係が**保守的、閉鎖的**になりがちです。

「ウチにはウチのやり方があるんだよ」

「この会社のことは、自分たちがいちばん知っている」

「こっちはずっと前からここで働いているんだ」——。

こうしたプロパーゆえのマイナス側面を早期に修正して新たな企業風土をつくり上

げるためには、外部の人材登用という施策が必須になります。

しかし、困ったことに、経営者自ら従業員に対して**「以前からいる人」「新しく来た人」といったラベリングをするケース**も見受けられ、ひどい場合は社内で**「新社採用」「旧社採用」**や**「ビフォー」「アフター」といった呼び方**がまかり通る会社もあります。このこと自体、非常にナンセンス、すぐにやめさせなければなりません。

ましてや社会が著しく変化し、あらゆる場面で多様性が求められている今の世の中、外部から来た〝よそ者〟を受け付けない〝村社会〟のような閉鎖的な考え方では、将来性も発展性も向上は期待できません。

別業種での経験を基に、新たな角度で商品開発や生産に携われる人、消費者行動を異業種での視点で見てきた人、まったく異なる企業風土で育ってきた人――。これからの社会で生き残る会社になるためには、こうした自分たちとは違う**イレギュラーな人材、異なる資質を持つ人材を前向きに受け入れる風土の醸成**が不可欠になります。

その点、私が関わった会社には、プロパー社員が「イレギュラーな人材、どうぞウエルカム！」というスタンスのオープンな土壌を持つ会社もありました。

「今度の人はどんな仕事をしてくれるだろう」

「あいつ、ユニークでおもしろい発想をするよね」
「新しい人が来ると、自分たちにもいい刺激になる」
といったニューカマーをポジティブに迎える姿勢、中途採用の従業員や私のような〝よそ者社長〟も拒絶しない企業風土が醸成されている会社もありました。

そうした会社は、経営危機に陥ったときでも、一枚岩になれる「組織の力」によって経営を立て直す道が拓けるはずです。

「違う価値観の人を受け入れる」姿勢は、会社組織を一体化させ、力を与えるための重要なファクターなのです。

「プロパー社員が培ってきたノウハウ」と「外部の新たな発想」をかけ合わせ、試行錯誤を繰り返す中から、既存の価値観に縛られない新しい商品やサービス、仕組みといったイノベーションが生まれることも多々あります。

自分と100%同じ価値観を持つ人など、まず存在しません。

一卵性双生児だって、発想や思考が「似てはいる」けれど、「100%同じ」ではありません。**自分とほかの誰かは、価値観が違っていて当たり前**なのです。

しかも会社は、出自の異なる人間が集まる多国籍軍。それをいつまでも、

「あの人とは価値観が違うから、一緒に仕事なんてできない」

「あの人とは考え方が合わないから、一生わかり合えない」

こんなことを言っていたら、組織の一体化など到底かないません。

重要なのは、多国籍軍の将である社長自らが「価値観の違うイレギュラーな人材は、会社としてウェルカム」というスタンスを貫くことです。

自分にはない新しい発想や考え方を拒絶せず、「そのような見方もあるんだ」「そういう考え方をするんだね」と、**違いがあること自体を楽しむ**。

議論になっても否定するのではなく「新たな視点を知るいい機会」だと捉える。

――トップが自らそうした姿勢を示すことで新たなケミストリーが生まれるのです。

会社の風土や土壌をつくるのも社長の大事な役目。**組織のトップが率先してオープンマインドな姿勢を体現する。**企業風土はこうして育っていくのです。

「よそ者リーダー」の心得

29

違う価値観の人材を積極的に受け入れる姿勢を見せることで、組織の結束力が強くなる。

その2

「一体感醸成」マネジメント――社内を観察し、従業員のベクトルを合わせる

とはいえ、外からの人材補強は「必要最小限」に

繰り返しになりますが、健全で前向きな会社経営のためには、「価値観の違う人材を受け入れる姿勢」が欠かせません。だからと言って、外から次々と人を採用するのは考えものです。

〝よそ者〟に限らず、**社長の弱点として「採用に前のめりになりがち」**という傾向があります。その理由は次の3つです。

①人事権・採用権という、圧倒的な権限を持っているから
②人材会社や外部の人たちから、人材補強に関する話が次々と舞い込んでくるから
③お金を使って何かを「増やす」仕事は楽しいから

①については説明不要だと思いますが、社長になると②の「人材補強に関する話」も頻繁に飛び込んできます。

「いい人がいますので、会ってみませんか？」

「優秀な人材が見つかりました。どうでしょう？」

「こういったスペックを持っている人はなかなか出てこないと思いますが」

こんなふうに、あちこちから紹介の話が飛び込み、会ってみるとたしかに魅力的な人材のように思える。それで、その後の配属先や役割も決まっていないまま、どんどん人を採用してしまうのです。

「IPOも視野に入れているから、そういった知識のある若手は貴重だ」

「ITを強化したいから、エンジニア出身の管理職経験者はいたほうが安心だな」

こんな具合に、経営者として早く結果を出したいという焦りから、**暴走採用**してしまい、組織改変や人材配置の計画に合わない人材を不要に抱えてしまうことも……。

採用とは、**経営危機をも招きかねない、とてもリスキーな意思決定**でもあるのです。

加えて、社長の深層心理として、③の**お金を使って何かを「増やす」仕事は楽しい**というのも自覚しておくべきでしょう。

採用に限らず、新店舗のオープンや新商品の発売、新しい設備の導入など、お金を出して何かを増やす案件は、**前向きで楽しい仕事**と言えます。

一方、コスト削減やリストラ、在庫処分、設備の廃棄、不採算事業の撤退など**何かを減らす仕事は、増やす仕事の10倍以上の体力が必要**となります。労力もストレスもかかる仕事なので、**できればやりたくないというのが本音**です。

「水は低きに流れ、人は易きに流れる」

この言葉どおり、油断していると、**社長の関心は楽しい仕事である採用ばかりに向きがち**。そして、このことを**自覚しているだけ**でも、勢い任せの採用に走らず、冷静な判断ができるはずです。

以上のことから考えれば、**外部からの人材補強は最小限に抑えた上で**、**できる限り“今いる人材、今あるリソース”を活かして回していくほうが、協働・合意形成型リーダーシップ重視の経営スタイルにマッチする選択**と言えるでしょう。

そのためには、まず組織改編や業務整理、人材配置の再考といった**本来の意味でのリストラ（リストラクチュアリング）によって、極力、社内の人材で必要な業務を賄えるような対処策を考えることが必要になってきます。**

これまでの慣習で6人体制だった部門も業務を見直せば4人で十分対応できる。このセクションに最新のITシステムを導入すれば、今の半分の人数でも大丈夫。――こうした**社内の人材配置の〝バグ〟を修正して余剰人員を創出し、ほかの業務担当に充てる**ことも検討できるでしょう。

まずは社内リソースの活用にチャレンジする。

それでも人材が足りない、スキル的に追いつかないとなったら、改めて迅速に外部からの人材補強にシフトする。

もちろん、その際には、新たな価値観や従来と異なる考え方を持ってやって来る人材を〝よそ者〟扱いせずにウェルカムで受け入れる。

新規の人材採用で発生する固定費はコストとしてバカになりませんので、経営再建における人的補強は、こうしたプロセスで進めるべきだと思います。

「よそ者リーダー」の心得

30

新しい人材で補強する前に、まずは社内の人材を活用する。本来の意味での「リストラクチュアリング」で対応策を考えよう。

その2

「一体感醸成」マネジメント ――社内を観察し、従業員のベクトルを合わせる

社内の「インフォーマルグループ」とは距離を置く

「3人集まれば派閥が生まれる」と言われます。

人間が基本的に「集団をつくる生きもの」である以上、多様な人材が集まる会社で派閥やグループが生まれるのは、自然現象とも言えるでしょう。

集団としてよくあるのが、「よくランチに行く仲間」「しょっちゅう一緒に飲みに行っている仲間」「喫煙所仲間」といった、**社内における仕事以外の人間関係による集まり、いわゆる「インフォーマルグループ」**です。

草野球やゴルフ、カラオケ、囲碁や麻雀などの「同じ趣味の仲間」が集う社内サークルのような、仕事とは関係ないプライベートに近いつながりも、インフォーマルグループに該当します。

こうした〝罪のない〟インフォーマルグループの存在は従業員同士のコミュニケー

ションの向上やストレス発散、仕事上の悩みの解消など、会社にとってメリットとなる部分も多いでしょう。

ただ、社長という立場にある者として注意したいのは、たとえ趣味や遊びの集まりであっても、**社内のインフォーマルグループに深く入り込みすぎない**ことです。参加するにしても年に数回程度にとどめておいたほうがいい。特に自らがリーダーとしてインフォーマルグループを率いるようなことは避けましょう。

仕事と直接関わりがあるかないかではなく、**「社長が特定のグループとだけ親しく交流しているという事実」そのものが、社内に不公平感や不平不満を生み出す原因となる**こともあるからです。

自分の趣味や楽しみは、学生時代の友人など会社との接点がないところに求めればいいこと。**社長は会社では〝孤高〟の存在であるべき**だと、私は思います。

もうひとつ留意しなければいけないのが、学閥や主流派、反主流派などの**「派閥」という名のインフォーマルグループ**です。

派閥が「趣味の仲間」と違うのは、「利害」で結びついている集団だという点。インフォーマルグループでありながら「社内政治」に深く関わっているため、出世争いや利権争いなどを引き起こしかねません。

陰湿ないじめや嫌がらせ、だまし討ちに裏工作、足の引っ張り合い――残念ながら会社によっては、企業小説も真っ青なドロドロの派閥闘争が存在します。本人たちは決してネガティブなグループではなく、「○○さんを中心としたほうが会社はよくなる」と自らを正当化し、そこに経営トップを巻き込もうとするのです。

ここまでいかなくても、ある部門責任者が人事評価の際に、なぜか直接関わりがないはずの人が不自然によい評価へと誘導しようとしたことがありました。後で個別にその理由を聞くと、その対象者とよく飲みに行っていて、酒席でいろいろな意見を聞き評価するという、まさに**「酒席人事」**を行っていたことが発覚しました。ほかにも、ある役員の唐突と思われる会議での提案に対して、一部のメンバーがなぜか賛同するということも……（酒席で提案内容を聞いていたためですが）。

こうした〝厄介な〟インフォーマルグループは、経営に悪影響を及ぼすだけでなく、**会社全体の利益を損なう事態を招くような、リスキーな存在**にもなりかねません。

ただ、群れることが人間の〝業〟であるなら、派閥やグループの発生そのものを根絶することは、現実問題として難しいと言わざるをえません。

では経営を任された社長という立場で、この厄介なインフォーマルグループにどう対処すべきなのでしょうか。

関わらずに、距離を置く――これに尽きると私は考えます。

どんな会社でも「インフォーマルグループとしての派閥は存在する」と認識した上で、その存在を意識しない。色眼鏡で見ない。

社内の〝政治的地図〟に関して、リーダーである社長がむやみに先入観や偏った感情を持つべきではありません。

「誰々を中心にした○○大卒の派閥がある」

「取締役のポストを巡って、○○派と△△派が火花を散らしている」

といった社内政治の現状を把握しておく程度で十分でしょう。

いや、むしろ**中途半端に知るくらいなら、そうした情報を一切シャットアウトするほうがいい**とさえ思っています。

「誰々は○○派らしい」「誰々は△△専務といつもつるんでいる」といったウワサが

あっても、よくよく聞くと、「たまたま同じ沿線なのでよく帰りが一緒になるだけで、仕事上のつながりはない」などというのは、よくある話です。

中途半端に情報を集めすぎると、かえって人を見る目の公平さを欠くことになりかねません。

派閥に対しては「その存在を認識するに留め、どの派閥とも一定の距離を置く」というスタンスを守る。それが、常に公平であるべき社長のあり方だと考えます。

「よそ者リーダー」の心得

31

社内の「インフォーマルグループ」には関わらず、距離を置く。社内政治に関する情報は一切シャットアウトする。

その2

「一体感醸成」マネジメント――社内を観察し、従業員のベクトルを合わせる

会社の実態は「オフィスの四隅」に表れる

オフィスを見れば会社の実態がわかる。職場環境には働く人の意識が表れる。こうした話をよく耳にしますが、まさしく真理。**整理整頓は仕事の基本であり、それはまた経営の基本でもあるということです。**

私は初めて仕事をする会社を訪問するとき、**最初にオフィスの「四隅」「共用スペース」「個々のデスクまわり」をチェックする**ようにしています。その整理整頓状態を見れば、ある程度はその組織（会社や部署）や従業員の仕事の力量を推し量ることができるからです。

人間誰しも、人目につくところは「きれいにしておこう」と思うもの。でも問題は、人から見えないところです。例えばオフィスの四隅のような外部の目に触れない

場所に使わない資料や捨ててもいい備品が雑然と放置されていると、それだけで「ここでは見える範囲だけ整えて、問題点は裏に隠しておくような仕事をしているのでは」という印象につながりかねません。

また、散らかっていても**誰も片付けようとしない「共用の作業スペース」**からは、チームワークや一体感の欠如がにじみ出てしまいます。

こういうことは「一事が万事」。**雑然として乱れたオフィスの四隅や共用部分は、そのチームや部署のあり方、仕事への向き合い方の表れであり、つまりは責任者（リーダー）の力量の欠如の表れ**という見方もできてしまいます。

共用の作業スペース以外でも、

- **オフィスなら倉庫や資料室、給湯室など**
- **店舗ならバックヤードや更衣室など**

人目に触れない場所がどれだけ整理され、片付けられているか。会社の力量とは、実はそうしたところからも見て取れるのです。

会社を訪問したとき、最初にどこをチェックするか

まずチェックするのは

1. 部屋の四隅
2. 共用スペース
3. 個々のデスクまわり
4. 倉庫や資料室、給湯室など
5. 店舗ならバックヤードや更衣室など

↑

整理整頓状態を見れば、
会社や従業員の仕事の力量を
推し量ることができる

同様に**「個々のデスクまわり」からは、その従業員個人の整理整頓能力や仕事環境に対する考え方や仕事の力量をうかがい知ることができます。**

私がチェックするのは、単にデスク上にモノが「多いか、少ないか」ではなく、**置かれているものが、整然と規則性をもって配置されているか**どうかです。

デスクの上の資料やファイルがきれいに整理整頓されている人は、総じて頭の中も常にきちんと整理されているもの。だから理路整然とした思考が可能になり、仕事も早く正確で生産性も高くなる。つまり、仕事がデキるということです。

逆にそうした物理的な片付けができない人は、頭の中も雑然としてしまいがち。

こんなことを言うと、「自分では何がどこにあるかわかっているから、散らかっていても大丈夫」と返されることもあります。でも、そういう人に限って肝心なときに必要なものを見つけられず、「ほら、全然大丈夫じゃないでしょ」という状況になるもの。やはり物理的な片付けは、脳内の整理整頓にもつながっているのです。

さらに、社是や企業理念といった**「社内の掲示物」もチェックポイント**になります。わかりやすい例が、**企業理念が書かれたボードや額縁の掲示のされ方。つまり、「みんなが見えるところに、まっすぐ貼ってあるか」**ということです。

理念やビジョンは、すべての従業員で共有するべき会社の目標であり、存在意義であり、社会的使命であり、経営姿勢です。自分たちが「登るべき山」の頂に掲げた旗印であり、本来は全従業員の目に触れる場所にきちんと掲示されていて然るべきものでしょう。それが、

「ああ確か、あの時計の横に貼ってありましたね」

「あれ、額が傾いて曲がっちゃってるな」

「ずっと貼ってあるから、紙の端がめくれて破けてる」

そのような状態になっていても誰も何も言わないし、直そうともしない。それが普通になってしまっている――。これもまたその会社の、ひいては**経営トップの仕事に対する姿勢の表れ**だと、私は考えています。

「額縁ひとつで大げさな」という声もあるでしょう。

「企業理念なんて毎日見るわけじゃないし」と考える人もいるでしょう。

でも、それは違います。

経営トップの重要な役割のひとつが、従業員の目的や価値観のベクトルをそろえ、組織の一体化を醸成すること。ならば、そのベクトルの方向性を指し示す企業理念を常に共有できる環境を整えることも重要になるはずです。

全員で共有すべき目標を、全員が見えるところに掲げない。

これは経営者の怠慢と言ってもいい。会社経営の根幹に関わると言ってもいい。それほどに看過できない問題と捉えるべきでしょう。

社長やリーダーはぜひ、始業前の身のまわりの掃除を、従業員と一緒にやってみていただきたいと思います。週に何回かでいい。社長が社内をチェックして回るだけではなく、率先して環境整備に参加する。これだけで、組織の一体感も生まれます。**初期投資ゼロで効果は絶大、非常にコストパフォーマンスのよい試み**とも言えます。

いい仕事は、いい環境から生まれます。そして、その逆もまた然り。

オフィスは、その会社の本質を映す〝鏡〟なのです。

「よそ者リーダー」の心得

32

オフィスの「四隅」「共用スペース」「社内の掲示物」などを確認。
組織の風土やリーダーの力量が、そこから透けて見えてくる。

その２

「一体感醸成」マネジメント――社内を観察し、従業員のベクトルを合わせる

パソコン画面でわかる「データ管理」意識

最近はオフィスでもペーパーレス化が推進され、紙の書類は減少傾向にあります。書類も資料もデジタル化され、パソコンで管理されるようになってきました。しかし、紙でもデジタルでも整理整頓が大事であることに変わりはありません。

そうした時代において仕事で関わる会社の力量を知るために看過できないチェックポイントとなりえるのが、**デジタルデータの管理に対する意識**です。

新しい会社の社長に着任後、社内の各部署を回っていると、現場の従業員との間でこんなやりとりになることがあります。

「これに関する資料は、どこに保存されてるのかな？」

「こちらのサーバーに、確か『△△』というファイル名で保存しています」

「ちょっと見てもいい？」

「はい。――これだったかな？　いや違う。こっちは――去年のヤツだ。おかしいな、誰かファイル名を変えたのかな。これか？　ああ、ありました。多分この『△△―○』です」

「こっちにも同じような名前のファイルがあるみたいだけど――」

「えっ、そうですか。だとするとこれじゃなくて、これでもなくて、ああ、こっちでした」

「ありがとう。でもこんな保管の仕方でデータをすぐ探せるの？」

「大丈夫です。これまでもトラブったことはありません」

――いやいや、大丈夫ではありません。

「データファイル管理」の基本は、パソコンやサーバーに保存しているファイルを〝いつでも必要なときに迅速に取り出せる〟ように整理・保管しておくこと。

ひとつの資料を探すのに毎回こんなにバタバタしているようでは、仕事の効率は下がる一方です。

クラウドへのデータ保存が可能になり、際限なく大量のデータが保存されるようになりました。それゆえ定期的なデータ整理や圧縮、削除を行う必要がなくなり、保存データは増える一方。サーバーには同じ名前のファイルがいくつもあふれ返り、まったく整理されていない……といったケースも増えています。

整理されていなくても検索機能を使えばいいのかもしれませんが、いちいち検索をかけるのも非効率的ですし、ファイル名を管理していなければ検索に引っかからないこともあります。そもそも、「検索機能を使わなければ探せない」ほうが問題でしょう。最近では新たなコミュニケーションツールの導入が進んでいますが、ここでもやたらとチームやグループが立ち上げられていて、本来共有すべき情報が散乱し曖昧になっていることもあります。

その人のデジタルデータの管理意識がわかりやすく表れる場所があります。それはパソコンの**「デスクトップ画面」**です。要注意なのは、アイコンやファイルやフォルダが画面いっぱいにところ狭しと、びっしり並んでいるケース。

管理するデータが少ないときは、デスクトップ上のフォルダに投げ込んでおけば何とかなるでしょう。しかしファイルの数や種類が増えてくると、次第に収拾がつかなくなってしまうもの。それを放置していると、デスクトップは山ほどのファイルやフォルダで埋め尽くされ、いざ必要なファイルを取り出そうにも、なかなか目的のものにたどり着けなくなります。

結局、あっちもこっちも開いてみて「これは違う」「これも違う」といちいち確認するという原始的な方法で探すしかなくなってしまうのです。

しかも重要なデータを誤って消去したり、紛失したり、間違って上書きしてしまったりといった〝シャレにならない〟事故のリスクも高まります。

必要なデータを迅速かつ正確に取り出せるか。

ファイル探しに手間と時間を取られて、仕事にロスが出ていないか。

会社のパソコンのデスクトップは整理整頓されているか。

業務がＩＴ化され、かつペーパーレス化も進んでいる時代。**「デジタルデータの整理整頓に対する意識」も、会社の力量に関わる重要な要素**になっています。

「よそ者リーダー」の心得

33

整理整頓はオフィスだけじゃない。
パソコンのデスクトップにも注目して、個々の意識レベルを確認。

その２

「一体感醸成」マネジメント　――社内を観察し、従業員のベクトルを合わせる

守衛さんや清掃作業員さんを味方につける

会社の仕事に関わっているのは、自社の従業員だけではありません。

例えばオフィスが入っているビルの警備・保守を担当する守衛さん、ビルに出入りしている宅配業者さん、清掃作業員さんなど、いわゆる「エッセンシャルワーカー」と呼ばれる人たちに支えられて会社業務は成り立っています。会社とはそうした**「縁の下の力持ち」の存在も含めての多国籍軍**なのです。

中にはその意識が薄く、自社の人間にはあいさつしても守衛さんや清掃員さんの前は黙って素通りという人もいますが、それは**大きな間違い**。仕事に関わるすべての人に敬意を持って接する――。すべてのビジネスパーソンはそうあるべきでしょう。

特に**社長は率先してその姿勢を見せ、従業員の範となるように心がけたいもの。その基本となるのが、誰にも分け隔てなくあいさつするという毎日の行動です。**

新天地に着任する初日。出社していちばん最初に出会うのは、役員でも総務担当者でもなく、ビルのエントランスに立つ守衛さんや始業前に作業している清掃作業員さんであることが少なくありません。**彼らと顔を合わせたときからすでに、その会社のトップとしての仕事が始まっていると考えましょう**。

そこで例えば守衛さんに**「今日からこの会社でお世話になるので、よろしくお願いします」**と明るく声をかける。守衛室に顔を出すまではしなくても、通りすがりのタイミングでOKです。こういうことは最初が肝心。タイミングを逸するとどこか気まずくなってしまいます。

守衛さんや清掃作業員さんは毎日のように顔を合わせることになる人。「今度の社長は気持ちのいい人だ」という彼らの印象が、マイナスに働くことなどありません。

よく「お掃除の人は社内事情に通じている」「守衛さんはよく人を見ている」と言います。ドラマのようなことが実際にあるのかはわかりませんが、その人たちが〝**いちばん近い社外の人**〟であることは事実。そこでのコミュニケーションから、社内ではわからなかった何かしらの気づきを得ることもあります。

例えば守衛さんに「ウチの社員はちゃんとあいさつしていますか？」と聞くと、「上位管理職の人は、みなさん、黙って素通りですね」

「今年の新人さんは、ハキハキしていて気持ちがいいですよ」とか。

清掃作業員の人に、「みんなトイレをきれいに使っていますか？」と聞くと、「管理部のフロアはいつもきれいですが、営業部はけっこう汚れています」とか。

こうした情報も、**従業員の資質を把握する要素になりえる**のです。

さらに、私も経験がありますが、日頃から守衛さんを見知っておくと、業務時間外にオフィスに出入りしたいときなどに融通を利かせてもらいやすく、仕事がスムーズに進むといったメリットもあります。

ただ、そうしたことはあくまでも副次的なもの。大事なのは立場に関係なく、自分の会社、自分の仕事に関わるすべての人に**公平に接するという経営トップとしての姿勢**にあります。その姿勢が会社という多国籍軍を〝ワンチーム〟にまとめていくマネジメントの土台となるのです。

「よそ者リーダー」の心得

34

誰にも分け隔てなくあいさつを。
ビルの守衛さんや清掃の方もチームの一員と心得る。

その2

「一体感醸成」マネジメント ——社内を観察し、従業員のベクトルを合わせる

トラブル系の社内情報は〝芽〟のうちに知っておく

経営トップは**従業員の事細かな個人情報まで深く知る必要はない**。これが私の基本的な考え方です。その人の**キャラクターは知る必要がありますが、個人情報にまで深く踏み込み、いちいち詮索する必要はない**、ということです。

コミュニケーションの糸口になるような情報、例えば独身なのか、子供がいるのか、住まいはどのあたりか、趣味は何かといったことなら、ある程度は知ってもいいとは思います（今の時代は、差別やハラスメントになりかねないのでそれすら要注意ですが）。

しかし、突っ込んで知る必要などないし、知ろうとしなくていい。会話の中で本人から聞かされる程度のことで十分でしょう。

逆に、経営トップとして知っておくべきは「トラブルを引き起こしそうな案件」に

関する情報です。例えば、

「○○部の部長は、すぐに部下を怒鳴りつけるらしい」

「○○主任の下には部下が長く居つかない」

「女性社員の間で、○○課長は『セクハラ大王』で有名らしい」

といった**パワハラやセクハラなどのハラスメントにつながる情報**。

また**社内不倫など、法的な問題には直結しないものの倫理的に問題のある行動に関する情報にも要注意**。モラル的なことだけでなく、場合によっては会社が使用者責任を問われる恐れがあるなど、想像以上に大きな問題に発展しかねません。社長としてはこうした情報を、事態が大事になる前の〝芽〟の段階で知っておくことが大事になります。

ただ〝よそ者社長〟の場合、特に着任直後は社内情報が耳に入りにくく、事態がかなり深刻化してからようやく知ることも少なくありません。中には「おたくの○○部長、パワハラがひどいんですって?」と、外部から聞かされて初めて知ったという最悪のパターンも……。

ですから新天地においては、目安箱的な情報収集窓口を設置する、バイアスのかからない情報を提供してくれる独自のキーパーソンを見つけておくなど、トラブル含みの社内情報をできる限り早い段階で察知できるような体制を整えることも不可欠なのです。

さらに重要になるのが、**人事部とのコミュニケーションです**。**トラブルにつながりそうな社内情報は、早い段階で人事部と共有・管理**する。すでに問題が顕在化している場合は迅速かつ具体的な対処を指示する。そうすることで、芽のうちにリスクを摘み取ることが可能になります。

ただし気をつけたいのは、

- **怪しいというだけで「けしからん」と腹を立て、社長自らが当事者を叱責する**
- **まだ「らしい」の段階で当事者を直接問い詰める**

といった〝**フライング**〟**をしない**ことです。

しっかり裏を取って事実確認をする前に経営トップが大騒ぎし、いきなり表立って動いてしまうと、一気に大事件になってしまいます。

もしその情報が〝ガセネタ〟だったときには当事者との信頼関係は崩壊するなど、取り返しのつかない事態にもなりかねません。また、社内に「軽率な人」という印象を与えると、それ以降は情報が入手しにくくもなります。

怪しい情報の真相追求や事実確認といった直接的な対処は**人事担当者（もしくはそうした問題の専門部署）と当該上長に任せ、社長自身は絶対に動いてはいけません。**

トップがするべきは、トラブルのリスクとなる情報を「社内でのウワサの芽」の段階で入手できるようなシステムや関係性を構築しておくことなのです。

「よそ者リーダー」の心得

35

従業員の事細かな個人情報を深く知る必要はないが、リスクにつながる情報は早めに耳に入るようにしておく。

その2

「一体感醸成」マネジメント ――― 社内を観察し、従業員のベクトルを合わせる

時には自ら現場に出てリスクの芽を摘む

その会社の実際の姿をよく知らない着任したばかりの〝よそ者社長〟の場合、会社が抱えているトラブルやリスクを早期発見するためには、時に**現場を見て回って自分の目と耳で事情を知る**ことも必要です。

私も折を見て**(月に3〜4回程度)**、経理や物流、営業管理といった部門に顔を出して担当者に声をかけ、自分なりに**現場の声を聞く**ようにしていました。

といっても、事細かな聞き込みとか腰を据えた事情聴取をしたわけではありません。担当者が〝告げ口した〟という感じにならないように、

「どう？　何か問題ある？」

「気になっていることはない？」

という**軽い雑談レベルの会話を交わす**くらいです。

ただ、そうしたやりとりからでも、「実はこんなことが――」「ちょっと変だなと思うことが――」といった情報が耳に入ってくることがあります。

例えば経理の担当者と話すと、

「○○部の出張は、毎回仮払いの額が大きくて驚くことが多いです」

「今年に入って○○部の接待費だけが突出している気がするんです」とか。

物流の担当者なら、

「イレギュラーで無理やりな入出荷が増えていて大変です」

「最近、伝票の書き方や入力がいい加減な人が多いんです」とか。

営業管理の担当者との話なら、

「○○さんは直帰が多いんです」

「○○さんとはいつも連絡が取れなくて苦労します」など。


担当者の個人的な心証でもかまいません。**現場の人間が日常業務で覚える違和感や気になる点に不正やトラブルの「芽」が潜んでいる**のはよくあること。

時々現場の声を聞くことは社長に求められる「リスク察知センサー」を研ぎ澄ます

訓練にもなり、それが不正やコンプライアンス違反の早期発見にもつながります。

「社長がしょっちゅう職場に来て〝聞き込み〟なんかされたら仕事がやりにくい」「細かいことを知りたがる社長は嫌がられる」などと言う人もいるでしょう。

何も「毎日チェックして回れ」「重箱の隅をつつくように日常業務の粗を探して歩け」と言っているわけではありません。

もちろん程度問題ではありますが、**社長は現場の従業員から「やや細かい人」と思われるくらいがちょうどいい**と思っています。

組織のレイヤーを飛び越して指示するようなマイクロマネジメントは極力避けなければなりませんが、適度に**「社長が思いのほか現場を細かく見ている」と印象付けられれば、「やたらに変なことはできない」という不正の抑止力にもなる**のです。

「よそ者リーダー」の心得

36

社内のリスク情報は、自ら現場を回って雑談しながら収集を。社長は「やや細かい人」と思われるくらいがちょうどいい。

コラム

在籍か転籍か。出向者の「立場」を把握しておく

M&Aや事業再編などで自身の会社に新たな親会社や出資会社ができた場合、そこから出向してきたメンバーとの付き合い方に頭を悩ませる経営者は少なくありません。たしかにプロパー社員と違って、出向元とつながっているという立場ゆえに、いろいろと気をつかうこともあると思います。

しかし同じ会社で働いている以上、特別扱いをする必要はありません。**ほかのプロパー社員たちと同じように、きっちり仕事をして結果を出してもらう**というスタンスで付き合う。これが基本です。

ただ、出向といっても、その形態には違いがあります。その人は、出向元に籍を残したままで帰任することが前提の**「在籍出向」**なのか。それとも完全にこちらに籍を移す**「転籍出向」**なのか。在籍出向ならば、出向元に帰任後はさらなるステップアップを目指しているのか――。

特別扱いせずとも**出向形態は把握しておき、個々の立場や考え方によってコミュニケーションの取り方を工夫すれば、よりよい関係性を築くことができる**でしょう。

例えば、帰任することが前提の出向者の場合。

本社会議などで出向元に行ったとき、**出向者の上司に「その人を前向きに評価している部分」を伝えておく**。そうした評価のコメントは、何らかの形で必ず本人の耳にも届くもの。それは残念ながら、出向先の上司が直接伝えるよりもモチベーションアップの効果があります。そこで「この会社で自分はこの部分で評価されている」と思えば、今の仕事への取り組み方も変わってくるでしょう。

また、転籍が前提で出向してきた社員の場合。

本人がその出向を前向きに考えているならば問題ありませんが、中には「こんな会社に来てしまった」「左遷だ」「なんで自分が」とネガティブな感情の人も。

そういう人に対しては、抽象的な言い方で評価を伝えても「口先だけでしょう」で終わります。そこで、最初に**「わが社ではこういう面で役に立ってほしい」という期待と要望を具体的に、明確に伝えてモチベーションを刺激する**ことも大切。

それでもネガティブな態度を取り続けられたら、もう「そういう考え方をする人」と判断せざるをえません。自分の役割に前向きに向き合えない人材を「出向者だから」というだけで特別待遇にしては、ほかの従業員の士気にも影響してしまいます。

出向元には正直に状況を伝えた上で、**〝それなり〟の処遇にする**しかないでしょう。

さらに、出向者が出向元の誰とつながっていて、どんな報告を上げているのか。いわゆる**出向者と出向元とのレポートライン（業務報告経路）の把握**も必要です。

とりわけ「親会社に戻りたい」「出向なんてしたくなかった」という気持ちを持っている出向者は、自分が来ている会社に関して、とかく「こんなに苦労をしている」「難易度の高い仕事をやらされている」といった**〝大変です〟アピールをしがち**。

何の問題も発生していないのに、なぜか親会社の人が頻繁に視察に来るので「おかしい」と思っていたら、ある出向者が〝大変です〟アピール満載の大げさな業務報告を上げていた——私も実際にこんな経験をしています。

こうした出向者個人のネガティブ感情によって業務報告にバイアスがかかる事態は、出向元、出向先どちらの経営にとっても大きなマイナスです。

出向者と出向元の間で、適正なレポートラインによる正しい業務報告が行われているかを把握しておく。多少煩わしくとも出向元レポートラインのトップとは、定期的にコミュニケーションをはかっておく必要があります。これは出向者への気づかいというよりは、**出向者を受け入れている会社のトップに求められる、円滑な組織運営のための必要業務**と心得てください。

その3

「会社代表としての自分」マネジメント――社外の関係各所とうまく付き合う

コンサルタントとの正しい付き合い方

〝よそ者経営〟を進める中で、コンサルタント会社（以下、コンサル）と呼ばれる**外部チーム**に仕事を依頼する場面がよくあります。

戦略コンサル系による経営改革・企業再生・システム導入、**企業出身者コンサル**による物流改善・工場改善、**専門系コンサル**によるM&A・上場準備・コンプライアンス体制整備――。コンサルの力を借りる場面はさまざまです。

私は社長としてコンサルを依頼することも、顧問やアドバイザーなどのコンサル的立場で企業に助言することも、両方経験してきました。それゆえ**社長とコンサル、双方の立場や気持ちが手に取るようにわかります**。その道のプロによる課題解決を期待し、それなりの費用を投じて依頼するコンサルですが、結果、「頼んでよかった」と満足することもあれば、期待した成果が得られず「失敗した」となることも多々あります。

コンサルを導入する際、社長にとって不可欠なのは**「すべては自分（社長）の責任」**という意識を持つことです。中には銀行や親会社から「コンサルを入れろ」と言われ、仕方なく依頼するというケースもあります。しかし、コンサルへの依頼は、社長が自分の責任で行う**重要な経営判断**のひとつ。「誰かに言われたから」「すすめられたから」といったスタンスで頼んでも、期待するような成果は得られません。

そんな社長に限って「あとはよろしく」とばかり、**コンサルにすべて丸投げし、もし成果が出なければ「コンサルが悪い」と責任転嫁する**もの。

「銀行に『コンサルを入れて経営改善しろ』と言われたから頼んだけれど、半年経っても何の成果も出ない。仕方なく別のコンサルに切り替えたけれど、そこも機能しなかった。高いお金を払ってすべて任せているのに、何をやっているのか。コンサルなんて全然役に立たないよ」

ある会社の社長からこんなグチを聞かされたことがあります。

自分で決断したわけではなく銀行に言われて依頼し、導入したら、後はほぼ丸投げ。それでいて成果が出ないことをコンサルのせいにしている――。これでは失敗するべくして失敗したようなものでしょう。

自分が決断して依頼したけれど、期待した成果が出なかった――こうした場合、その責任はコンサルではなく、コンサルとの付き合い方を知らず、コンサルを活かせなかった社長にあります。

コンサルの導入は経営方針や経営戦略など会社存続の根幹に関わる重大な施策。だからこそ、その決断も責任も、社長が背負わなければならないのです。


会社の数だけ事情があり、会社の数だけ課題があり、そして課題の数だけ、いえ、課題の数以上に答えがあります。

経営における意思決定が難しいのは、課題に対する答えがひとつではなく、「正解」か「不正解」か、といったものではないからです。それでも、そこから今の自社にとっての「正解」を見出すのが社長の仕事、社長にしかできない仕事なのです。

コンサルは経営の意思決定について、さまざまな情報や分析結果やアドバイスを提供してくれます。しかし、コンサルの役目はそこまで。**最後は社長が自分の頭でしっかり考えて決断する**。あくまで**実行するのは自分**という意識を持って、コンサルとは付き合っていきたいものです。

その上でコンサル導入を決断する際に、社長が留意すべきポイントは次の通り。

- **何のために導入するのか**（何を最終目的にするのか）
- **どれくらいの費用と期間をかけるのか**
- **そのコンサルに費用や期待値に見合った成果が期待できるのか**

これらを社内で十分に議論し、**社長自身が「導入が必要かどうか」を判断し、最終決定すること。**

「会社が期待する成果」や**「その期限」**について、コンサル側と事前に合意を得ることも必須のプロセスです。とりわけ**期限**（スケジュール管理）は、あらゆるコンサル契約、外部委託契約における最重要ポイントになります。そして、

- **社内、特に関連部門に、コンサル導入の事情をていねいに説明する**

このプロセスは重要で、説明が不十分だと社内、とりわけコンサルが直接関わる部署は困惑・混乱します。

時には、

「現場に相談もないまま外部のコンサルを入れるとは、私たち（自社の人間）を信用していないのか！」

「自分たちも解決策は考えているのに、それには耳を貸さず、わざわざコンサルを入れるのか！」

などと、**現場に不満や反発が生まれてしまう**ことも。

また説明がなくてコンサルが入っていることも周知されず、

「よく知らない人が専門用語を振り回していろいろ聞いて回っている」

「あの人は誰？　どこの人？」

「根掘り葉掘り聞いてくるけど、正直に答えていいの？」

と現場からクレームが上がってくることもあります。

従業員が疑心暗鬼になると情報も得にくくなってしまいます。これではせっかくコンサルを入れても、スピーディーに改善が進みません。

さらに、先ほどの社長のように頻繁にコンサルを替えると、現場ではそのたびにヒアリングが行われるため、「また同じ話をしないといけないのか」という不満も出てくるでしょう。

コンサルを導入したことで、社内に経営陣への不信感が広がってしまったという話をよく聞きますが、その原因のひとつには、こうした説明不足もあるのです。

ですから、コンサルを入れる際は、

「社内だけでも改善はできるが、日々の業務があってなかなか難しい。だからノウハウや経験を持つコンサルを入れて、スピーディーに改善策を実行してもらう」という事前説明をすること。そして社内のプロジェクトリーダーを通して、現場の理解状況を把握しておくことが重要になります。

事前説明という「ほんのひと手間」を怠らない。

それが**スムーズにコンサルを導入するためのポイント**なのです。

「よそ者リーダー」の心得

37

コンサル導入には注意を。「丸投げ」や事前説明なしはNG。やり方を間違えると、社内不信と不和を増幅させる。

その3

コンサル導入失敗、よくある3つの事例

コンサル導入を成功させるために、自社に合ったコンサルの選定が不可欠なのは言うまでもありません。私がコンサル選びで重要視してきたのは「相手がどれだけ**わが社のことを理解しているか**」という点です。

ただ、その見極めは意外に難しいもの。コンサル選びで失敗した、依頼したコンサルと合わなかったといった失敗談も数多く耳にしています。私自身も苦労してきました。

ここでは、私が自分や知り合いの失敗事例から学んだコンサル選びの注意点を、**「こんなコンサルには要注意」**という視点でいくつか挙げてみようと思います。

要注意コンサル①「ひとつの成功パターン」に固執する物流・工場改善コンサルの例

特に**企業出身者によるコンサル**に多く見受けられるタイプです。

現場を見てすぐ、下手をすればその日のうちに、「はいはい、わかりました」と定型の（ような）提案書を持ってきて、「これに沿ってやってください」――。

表面的な部分だけを見て「ああ、ここもあのパターンね」と決めつけ、本質を見ないまま改善策を提案してくる。そんなコンサルには要注意です。

よほど自分たちの「成功パターン」に自信があるのでしょう。でも十人十色、十社十色。人間と同じで、会社も一社一社すべて抱えている事情や状況が異なります。１００％同じ状態の会社などありません。

それを無理やりひとつの「型」にはめようとする。目の前の**会社が抱えている独自の課題に目を向けずに、「よくある質問」への「よくある答え」のような、型通りの提案しかしない。それでは課題の解決はできません。**

たしかに定型パターンが役立つ部分はあるかもしれません。しかしそれだけで、その会社独自の事情や問題点を大きく改善するのは難しいでしょう。

その会社の状況を詳しく調査も分析もせず、深く理解しようともせず、最初から自分たちが持っている成功パターンに当てはめるだけで、効率よく「こなそう」とする。それなら安くないフィーを払って迎えるパートナーではなく、**「一日だけのアドバイザー」で十分**でしょう。

「コンサルからこんな提案をされたんだけど、断わりましたよ」

「ウチのときとまったく同じ提案ですよ、それ」

「私も以前、同じ提案をされたことがありますよ」

社長同士で会うと、こんな笑い話になることも。うっかり導入して〝笑えない話〟にならないよう、注意したいものです。

要注意コンサル②使い回しの提案をするシステム・コンサルの例

これも①の「型にはめる」に近いニュアンスですが、特に**システム導入とセットでコンサル契約**をするケースが多いのが特徴です。

見栄えのいい提案書や雄弁なプレゼンはいいのですが、その提案書がひと目で「使い回しだな」とわかることがあります。おそらく、**何十社にも提案した内容を、社名だけ書き換えて提案**しているということ。

さすがに基幹システムや大規模なシステム案件に関するコンサルの場合は、きちんと実態調査をしてから提案してきます。ところが、**ＥＣやＷｅｂまわり**、**物流**や**経理**といった**部分的なシステム導入になると、こうした「使い回し」の提案になるコンサルもあるので注意が必要**です。

この「使い回し提案」を見抜けず、うっかり依頼するとどうなるか。

事前にシステムの仕様や互換性、自社の状況に合わせた運用のヒントなどをきっちり詰められず、後になって追加のカスタマイズや改修が増えていきます。そして、**「御社はかなり特殊なので」**という決まり文句を聞かされて、**費用は上乗せになり、コンサル期間も長くなります。**

それでも結果として満足できるシステムが導入され、業務改善や売上拡大につながるのなら問題ないのですが、たいていは**「費用ばかり高くつくけれど使えない（使いにくい）システム」**と付き合わされることになってしまいます。

要注意コンサル③やたら「先を急ぐ」優秀な大手戦略系コンサルの例

何よりも**スピード重視**で、とにかく契約期間内に仕事を終わらせ、自分たちの手を離すことを最優先に考えるタイプのコンサルです。

期限を守るという姿勢はありがたいのですが、半面、早く終わらせるために自分た

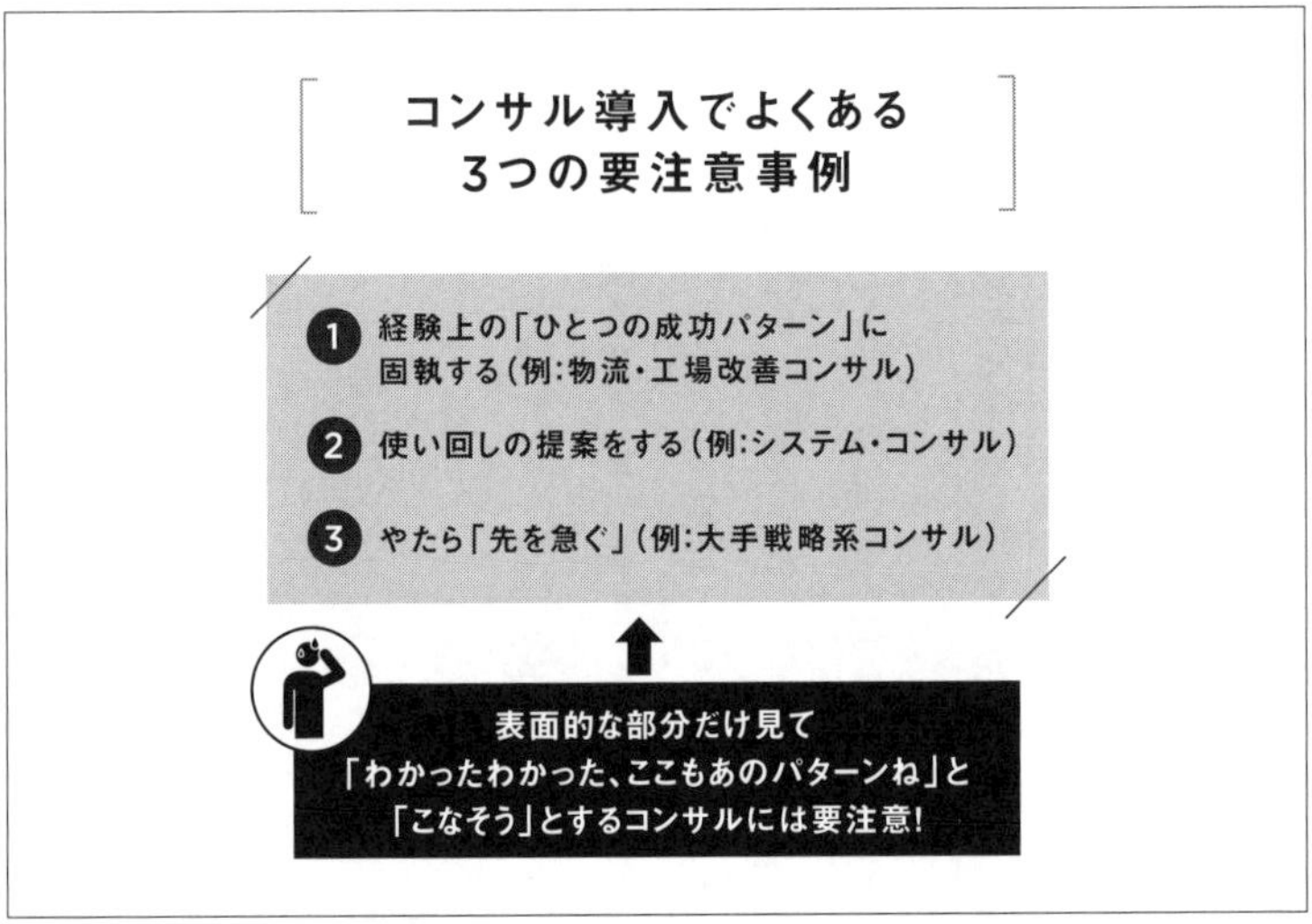
コンサル導入でよくある
3つの要注意事例
1 経験上の「ひとつの成功パターン」に固執する（例：物流・工場改善コンサル）
2 使い回しの提案をする（例：システム・コンサル）
3 やたら「先を急ぐ」（例：大手戦略系コンサル）
表面的な部分だけ見て
「わかったわかった、ここもあのパターンね」と
「こなそう」とするコンサルには要注意！

ちのペースだけで〝ちゃちゃっと〟仕事を進めてしまう。

改善策にしても現場がイマイチ肚落ちできず、コンセンサスも取れず、実務にも落とし込めない状態のまま、「はい、期限なので終了！」となってしまう。

後に残されるのは、**現場の遂行能力を超えた、実現性の乏しい「絵に描いた餅的な仕組み」だけ**――。これでは何のためのコンサル導入かわかりません。

こうした事態は、予算が折り合わずにコンサルフィーを値切ったときなどに発生する傾向があります。

特に多くのスタッフを抱える大手コンサルの場合、フィーが安い取引先には、ベテランではなく若手に担当させざるをえないという事情があります。その若手は、少しでも多くの案件を手がけて早く実績を上げたいと思っています。そのため、何としてでも契約期間内に終わらせて次、と考えがちなのです。

しかし、それはあくまでもコンサル側の事情。フィーが少ないから仕事もなおざりでいいわけではありません。

スピーディーに進めるのは結構ですが、その結果、コンサル側のペースに押されて、ただ流されてしまうのはよろしくありません。

コンサルが先走っているようなら、一度引き止めて「わが社の**能力に見合った改善策を提案してほしい」旨をきちんと主張するべきです**。

「ウチの社長は、コンサルの言うことを何でも聞いてしまう」

問題の本質は社長にあります。こちらは社運をかけて依頼しているのです。毅然とした態度で言うべきことはしっかりと言わなければなりません。求めているのはコンサルのためではなく、**会社のための提案**なのですから。

コンサルと上手く付き合うためには、よい意味で**「コンサルを使い倒す」「利用する」**意識も必要だと考えます。

自社の目的や達成したいこと、期待する成果を明確にし、

「そのためには、もっとこういうデータを持ってきてほしい」

「この課題に直接アプローチできるアイデアを出してほしい」

「現場にこういう説明をしてほしい」

など、するべき要望は遠慮せずに伝える。

実は**優秀なコンサルに聞くと、「すべて丸投げ」「何でも言う通り」より、こうした「注文の多い」社長のほうが仕事をしやすいと言います。**

「よそ者リーダー」の心得

38

コンサル導入の「よくある3つの要注意事例」を学び、わが社にとって何が必要なのか、自らの頭で考え、結論を出す。

その３

「会社代表としての自分」マネジメント――社外の関係各所とうまく付き合う

金融機関との付き合いは「距離感」を見極める

社長にとって重要、かつ悩みのタネとなるのが、会社経営の命綱となる**銀行など金融機関との付き合い**です。

同じ金融機関でも、**メガバンク、地方銀行**（**地銀**）、**信用金庫、政府系機関**などさまざまなタイプがあり、それぞれ特徴が異なります。金融機関と良好な関係を構築するには、その**特徴を理解した上で付き合う**ことが大事になります。

以降の記述は、私の経験と金融関係の友人の話を基にした私的見解であり、異なる意見もあることを前提で「参考までに」お伝えしたいと思います。

例えば、メガバンクと地銀・信用金庫。

全国展開のメガバンクと地元密着型の地銀・信用金庫では、当然その事業形態やビジネスモデルにも違いがあります。

メガバンクには大きな資金力、全国規模のネットワーク、大きな実績、幅広い知識、さらに**取引すること自体が「信用」になる**といったメリットがあります。

ただ、組織規模の大きさゆえに行員の異動も多く、2～3年で転勤になるのが当たり前のため、**メガバンクの担当者との付き合いは、どうしても〝期間限定的〟にならざるをえません**。

「私がずっと面倒をみます」といった関係はテレビドラマの世界だけ。同じ担当者と中長期的な付き合いになることは、現実的にはまずないと言っていいでしょう。

むしろ行員側には、**「自分が在任している間にどれだけの成果を上げられるか」**という考え方のほうが強い傾向があります。そのため、無理な営業（貸付）をすすめてくることもあります。

Aさんが担当のときに審査が通って借り入れができても、Aさんが異動になった途端、審査部から与信見直しを突きつけられるといったケースも――。

そもそも融資にあたっての審査も、**非常にシビアでドライ**です。支店では審査が通っても「本社からバツがでたのでごめんなさい」となることもあります。

さらに、もし融資を受けられても後の業績次第では即座に姿勢が変わることも。見切り（資金の引き上げ）が早く、「数字がよくない」と思ったらサッと回収にシフトするのも、メガバンクにはよくある対応です。

一方、**地域密着型がビジネスモデルの地銀や信用金庫は、メガバンクに比べて長いタームでのお付き合い**が基本。

数字が下がったからとすぐ資金回収に走るようなことをすれば、地元での評価が一気に下がってしまいます。それでは地銀や信用金庫はやっていけません。

そうした事情もあって、特に地元企業に対しては当該会社のマイナスになるような提案はあまりせず、しっかり中長期的なサポートをしていこうという姿勢を持っています。

また展開エリアが限られているため、担当者に異動があっても、関係性がなくなるわけではなく、後にまた接点が出てくることも多々あります。そのため、担当者との付き合いも深く、長期にわたることが少なくないのです。

地方を拠点としてやっていく会社ならば、長い目で面倒を見てくれる地銀や信用金庫との付き合いは絶対に疎かにできない〝命綱〟になります。

押さえておきたい、
金融機関の“距離感”

1 メガバンク

・資金力、情報力があり、取引すること自体が「信用」になる
・ハードルが高く、シビアでドライな面も

2 地銀（地方銀行）や信用金庫

・人とのつながりが深く、長い目で面倒を見てくれる
・地域内の各企業に対して、取り組みのバランスを取ろうとする

↑

**相手のスタンスを理解し、
“付き合い分ける”ことが大事**

ただし「わが社は地元地銀とは太いパイプがあるから、常に支援してくれる」と安心しきってしまうのもまた危険です。

地銀は「どの会社とも公平に」が基本。同じ地域の競合他社や他企業とも取引がある関係上、リップサービスでは「おたくだけ特別ですよ」と言いつつも、実際には1社だけに特例を認めることはあまりしません。

もし、地元内や業界内でトラブルなどが起きても、1社だけに肩入れするようなこともしません。こういうときは逆に、シビアなメガバンクのほうが「ウチはあの会社とは付き合いがないから、御社に手を貸します」というこ

とが可能だったりするのです。

その地域の企業と広く公平に付き合い、地域経済の発展に寄与するのが、地域密着型の地銀・信用金庫の基本姿勢だと理解しておきましょう。

資金力や情報力、信用力は高くさまざまな商品提案も多いけれど、ハードルが高く、シビアかつドライでビジネスライクなメガバンク。

資金力や認知度などは劣るけれど、コミュニケーションが密で長く深い付き合いができる地銀や信用金庫。

都心のデパートと地元の個人商店とでは買うものや買い方が違うように、金融機関もそのタイプによって付き合い方が変わってきます。相手のスタンスやこちらとの距離感を把握し、間違えないように **〝付き合い分ける〟ことが大事**になります。

「よそ者リーダー」の心得

39

メガバンク、地方銀行、信用金庫、それぞれの特徴を押さえる。距離感を間違えないように〝付き合い分ける〟ことが大事。

その3

地銀との長く深い付き合いでの注意点

私が以前、経営再建途上の会社の社長として着任したときの話です。

その会社には仕事を請け負う協力工場がいくつもあるのですが、そのひとつに、民事再生直前で銀行の管理下に置かれていた、ある地方の工場がありました。当時の発注元である私の会社の業績不振の影響をもろに受けて経営が悪化していたのです。

検討の結果、「自社の再生にはその工場が必要」と判断した私は、自分の会社とは直接取引がない地銀だったのですが、管理している地方銀行に、着任のあいさつに行くことにしました。

「会社をしっかり再生して、これからもわが社から仕事を発注しますので、こちらの工場をよろしくお願いします」と私。

すると、その地銀の担当者は、

「新たに発注していただける仕事は、どれぐらいの規模ですか？」

「この工場では、どれぐらいの売上が立てられますか？」

「そこまでの数字は、今日は説明していただけないんですか？」

「数字もなしで、ただそれだけ言われても安心できません」

という感じで、グイグイと問い詰めてきたのです。


最初は私も、「あいさつの場で、何でそこまで言うんだ？」と疑問に思ったのですが、よくよく考えて合点がいきました。地域に密着して、地元の会社を何とか支援したい**地銀としては、「表敬訪問なんていいから、すぐにでも実のある話を聞かせてほしい」という切実な思いがあってのこと**だったのです。

メガバンクではこうしたとき、表敬訪問的な話に終始するところが多く、「あとは担当といろいろ打ち合わせします」という感じになりがちです。しかし地方の会社と地元の地銀には、表面上の〝**取引**〟**だけではない、もっと深い**〝**付き合い**〟**がある**のだと思い知らされたものです。

メガバンクにはないこうした地元企業との信頼関係や人的ネットワークという、強みを持つのが地銀のメリットですが、それゆえに**付き合い方のバランスを間違えると大きなトラブルに発展してしまう**こともあります。

特に気をつけたいのが、**金融機関のスイッチ（切り替え）**です。

例えば、ある地方企業が東京に進出して大成功したため、東京支店の売上が激増。メガバンクとの付き合いができたのをきっかけに、地元の本社で長くお世話になっていた地銀を切って、メインバンクをメガバンクに替えようと考える――というケースです。

メガバンクにとっては一支店が新規口座を獲得したというだけの話ですが、地元で長年面倒を見てきた会社に〝逃げられる〟地銀は、たまったものではありません。

私も以前、ある会社の社長から、似たような話を聞いたことがあります。

メガバンクが持ち込んできた「いい融資案件」に乗ろうと話を進めていたら、ずっと付き合っていた地銀の頭取がすごい剣幕で会社に乗り込んできたのだとか。メガバンクとの話も今さら断れないところまで進んでいて、それはもう大騒ぎだったそうです。

会社経営にとって金融機関との付き合いは、本事業での商取引以上にデリケートなもの。特にメインバンクを替える、取引を解消するなど、**付き合いをマイナス方向に転換する場合は、最大限のケアが必要**になります。

しかるべきところにあいさつをする、手続きの順番を守るなど最低限のマナーを守る。こちらの意向やスタンスを明確にして、もしこれまでの関係がご破算になっても致し方ないくらいの気持ちで臨む。

「あわよくば、万が一のために地銀ともつながっていたい」といった**中途半端で甘い考えでは、話がこじれて経営にも甚大なダメージを与えてしまいます。**

金融機関との付き合いという〝命綱〟を大きく動かすには、それ相応の覚悟が必要だと心得ましょう。

「よそ者リーダー」の心得

40

特に気をつけたいのが、金融機関のスイッチ（切り替え）。付き合いをマイナス方向に転換する際は、最大限のケアを。

その3

日繰りの金勘定に熱を入れすぎない

とはいえ、経営トップである社長が金融機関への対応にばかり時間をかけすぎるのは考えもの。経理部長に「すべてお任せ」と丸投げするのも問題ありですが、社長が何もかも抱え込んでしまい、**あたかも〝対応窓口〟のように頻繁に出向くようなことは避けるべき**です。

もちろん、社長という立場で対応しなければいけない**重要な節目やタイミング**はあります。新任社長として着任したときはすぐにあいさつに出向き、過去の取引の経緯も含めて話を聞いておかなければなりませんし、大きな設備投資やシステム投資、M&Aといった大口融資を受ける際の交渉においても、トップが足を運んで誠意を尽くすことが大事になります。

ただ、それ以外の**基本的な対応については専門部署である経理部の担当者に任せたほうがいい**。そしてその都度、報告を受けて状況をチェックし、把握しておく。普段はそのくらいのスタンスでいるべきでしょう。

これは金融機関との付き合いに限らず、**経理部門との関わり方、コミュニケーションの取り方全般にも通じる**話。特に自身が経理出身の社長にありがちなのが、経理の仕事にあれこれ細かく口と手を出したがるケースです。

日々の数字の推移が気になる気持ちもわかります。しかし従業員が10人以下程度の規模の会社や、今まさに危機的状況にある場合を除けば、「いつ、いくら入金があって、いくらの支払いがあって——」と電卓を叩いて目の前の数字のやりくりをするのは経理担当者の仕事。社長は、月次単位で大きな流れを把握し、気になる点に絞ってドリルダウンする（データを詳細に調べる）というスタンスであるべきです。

ただし、**気になる数値は自ら見る**ほうが、毎日の変化が自然とつかめます。

社長が経理担当者から日繰り表（毎日の入金と出金の取引を記す帳簿）を取り上げて、毎晩、ああだこうだと計算しているのは経営が末期的状態にある会社でよく見られる光景です。
それゆえ、そのような姿は**従業員に「この会社、今日明日のお金にも窮しているのか」と要らぬ動揺を与えてしまう恐れ**もあります。それが外部に伝わりでもすれば、「あの会社はヤバい」といった、会社の存続を揺るがすようなウワサにもなりかねません。

以前、経営再生のお手伝いをさせていただいた会社では、経営が厳しくなり始めた頃を境に、社長が経理部長の如く、日々の資金繰りの細かいところまですべてを自分で管理し、指示を出すようになっていました。

これはよくないと思った私は、

「**社長は経理部長ではない**。やっきになって日繰りの経理事務や財務管理に時間を割かなくてもいい。普段は担当者からの報告で状況を把握しながら、ここぞというときの資金調達のカードを持ち、必要に応じて決断・実行するというスタンスでいるべき」

という助言をしました。

しかし一度身についた社長の習慣はなかなか変わりません。そうこうするうちに会社経営は厳しさを増していき、結局、再生までにかなりの期間を要することになってしまったのです。

社長の仕事は、会社全体の舵取りに有益な意思決定をすること。木を見るよりもまず〝森〟を見る。そしてポイントを絞ってから〝木〟を見ることです。

日繰りのお金勘定にかまければ、本来すべき社長の仕事が疎かになります。木ばかり見ていて、森を見誤ってしまうのは本末転倒なのです。

「よそ者リーダー」の心得

41

日常の金融機関対応や日々の細かな数字には口を出さない。
社長の仕事は、まず〝森〟を見ること。

その3

業界団体との付き合い方のコツ

会社経営とは、自社内だけで行われ、そこで完結するものではありません。

経営を進めていく中で**避けて通れないのが、同業他社が集まる「業界」という世界との関係**です。

具体的には業界団体のような組織との付き合いということ。自社の業界内での位置付けによっても異なりますが、こうした付き合いは大なり小なり必ず発生します。

そこで**絶対に守らなければいけないのは、「個人プレーやスタンドプレーをしない」こと**です。

集団においては、自分勝手な行動はしない。

これはビジネスに限らず、社会生活の基本中の基本です。

業界団体は個社の事業運営とは異なり、業界全体の課題解決や、さらなる発展を目指すもの。**業界全体の健全化が個社の発展にもつながる**と考えるいわば〝外の社会〟です。ところが、この基本を忘れて勘違いしてしまう社長もいます。

自社独自の考え方ややりたいことばかりを声高に主張して、団体全体を自分の都合のいい方向に利益誘導しようとする。団体の合議で決めたルールを自社都合で破る。勝手な解釈で運用する――。

こうした協調性を無視した言動は業界仲間からの反発を招きます（もちろん表面的には従来と変わらない〝大人の付き合い〟をされますが）。それどころか、レピュテーションリスク（風評リスク）にもつながりかねません。

1から10まで団体の決定に従えとか、一切の異議を差し挟むなということではありません。すべきときには主張も必要ですし、そのための議論の場を求めることも大事です。

しかし、それ以前の**基本姿勢として「集団の中の一企業」というスタンスをわきまえ、「業界全体のために何をするか」という視点での言動が求められる**ことを忘れてはなりません。

特に新社長として初めて業界団体の会合に参加するときは、「末席からスタートさせていただきます」という謙虚な姿勢を貫き通すべきです。たとえ周囲が自分より年下の若い経営者ばかりだったとしても、こちらは「業界の新参者」なのですから。

「よそ者リーダー」の心得

42

「業界全体のために」という視点での言動が求められる業界団体。自社の利益を声高に主張するなど、スタンドプレーはＮＧ。

その3

担当省庁の「スタンス」を理解する

「会社代表としての自分」マネジメント――社外の関係各所とうまく付き合う

官公庁とのお付き合いも、社長にとって欠かせない仕事です。

官公庁に陳情や要望をする場合、個社単位ではまず受け付けてくれないため、基本的には業界団体を代表して出向くことになります。

分野によって違うとは思いますが、私がいた業界で関係性が深い官公庁は、経産省、厚労省、消費者庁、公取委といったところ。主に相談や陳情、聞き取りといった形での付き合いでした。

業界団体の人間として役所に出向く際、常に意識していたのは**「その役所がどういうスタンスでこちら（会社や業界）と向き合っているか」**。平たく言えば、「敵か、味方か」ということです。

例えば経産省には「産業をより活性化させる」という基本スタンスがあります。細かな規則や制約も多く、面倒くさい面もありますが、そのベースにあるのは「どうしたら担当している業界がよくなるのか」「その業界で個社の事業を活性化させるにはどうすればいいか」という考え方です。それゆえ経産省は**業界にとっては応援団であり、味方の立場**と言えるでしょう。

一方、消費者庁や公取委というのは「ルール違反や問題の隠蔽に目を光らせる」ための役所です。公正な経済活動のためには不可欠な仕事なのですが、こちらにすれば、「まず疑う」という〝性悪説〟的な対応をされることが多いのも事実。やましいところがなければ堂々としていればいいのですが、それでも「監視されている」という、やや緊張を伴う付き合いになりがちです。

私も消費者庁には、新商品の品質表示の仕方などについて何度か事前相談に伺ったことがありますが、だいたいは、「おたく、何か悪いことやっているんじゃないですか？」といった目で見られます。いや、見られているような気がします（苦笑）。

こちらは理路整然と説明したつもりで、担当者も「なるほど。事情はよくわかりました」と言っていたのに、後から「あれはどうなの？　これはこうじゃないの？」

と、矢のような質問攻め。「思いっきり疑っているじゃないか」と落胆したことも何度かありました。

また、厚労省も人事や労務管理などの分野で関わりがありますが、こちらも労働問題については監督・監視のスタンスにあります。

誤解のないようお伝えしますが、**お役所は決して敵ではありません**。

ただ、お願いをしに行けば応援をしてくれるところなのか、お願いをしに行ったら逆にチェックをされて痛くもない肚を探られ、追及される恐れがあるところなのか。相手のスタンスを事前に理解した上で対応するほうが、ストレスは少なくなります。

そして当然ながら、官公庁での相談や陳情、事情聴取などにおいては、態度や言動に気をつける必要があります。

ここでも基本は謙虚であること、そして**誠意を持って対応すること**です。

卑屈になってペコペコと平身低頭することはありませんが、逆にぞんざいな態度を取ったり、妙になれなれしく接したりするのもNG。事情聴取では変にごまかそうと策を弄するのも逆効果ですし、虚偽の報告をするなどはもってのほかです。

万が一後ろめたいことがあるなら、**それこそ隠さずに誠意を持って全部をさらけ出してしまったほうがいい**。その場は厳しくても、そのほうが後々は間違いなくプラスになります。

時には上から目線でのもの言いをされることもありますが、そこでカッとして感情的にならない**冷静さや自制心も必要**になります。

特に、官公庁では若い人が担当の場合がよくあります。陳情に出向くこちらのほうが年齢も上で、業界でのキャリアもあるというケースも少なくありません。

すると、若いからと甘く見て勘違いし、会社の部下や後輩と話すような口調になったり、失礼な軽口を叩いたりする人もいます。私も経験がありますが、そういうタイプの人と一緒に陳情に行くと、ハラハラして生きた心地がしないもの。笑ってすませてくれる人ならいいのですが、相手によっては、その場はよくても、**後から遠回しに陳情を断わられたりすることもある**ので、注意が必要です。

相談も陳情も、あくまで会社や業界団体の代表と、陳情を受ける官公庁の担当者という社会的な立場でのやりとりであり、個人的な付き合いではありません。どちらが若いとか、キャリアが長いなど関係なし。社会人としての礼儀やマナーを決して忘れてはいけないのです。

つい感情的になって怒らせなくてもいい相手を怒らせる。社会人としての礼儀をわきまえずに、余計な敵をつくる。社長のこうした言動は、会社経営の足かせになってしまいます。

周囲にどう見られようと、何を言われようと、敵ばかりつくろうと、わが道を進んで行かれるカリスマ経営者ならこうしたことは取るに足らないことなのかもしれません。しかし、〝凡人〟は違います。**常に、対外的な場における自分の態度が引き起こす「経営的なデメリット」を考えて行動するべき**なのです。

「よそ者リーダー」の心得

43

担当省庁やお役所の人たちのスタンスを理解して付き合う。社会人としての礼儀やマナーも忘れない。

第3章

「よそ者リーダー」の実務

——着任後100日までの仕事

基本情報を予習する

会社の事業基盤・事業資質は、創業者や出資者に聞く

ここでは、「社長をやってくれ」という要請を引き受けてから、実際に新天地に着任するまでの間に **〝予習〟しておくべきいくつかのポイント**についてお伝えします。

まずは、これから行く会社の事業内容についての基礎知識の取得です。これは当然と言えば当然でしょう。

就活や転職で入社試験を受けるとき、誰でも事前にその会社のことを調べると思います。仕事で初めての会社に営業をかけるときでも、**アポを取る前に相手の会社の情報を仕入れておくのは、ビジネスの基本中の基本**です。

新たに何かを始めるとき、初めて何かにチャレンジするとき、事前の調査や下調べは欠かせません。

それは新しい会社で社長を引き受けるときも同じ。

これから自分がトップを任される会社について着任前にある程度の基本情報を仕入れておくことは非常に大事です。

まず知っておきたいのは**その会社の「事業基盤」や「事業資質」について**。

具体的には、次のような、**会社の存在を支えているものに関わる基本情報**です。

- **何を目的として存在している会社なのか**
- **何をつくって、何を提供して（売って）利益を得ようとしている会社なのか**
- **その事業内容を成り立たせている最大の強みは何なのか**

着任することが決まれば**財務諸表**は入手できるでしょう。M&Aなどが行われた場合は、**デューデリ**（「デューデリジェンス」の略。その企業の価値を適正に把握するために、詳細に調査すること）**に関する資料**なども確認できると思います。

ただその会社の〝真の姿〟は、なかなかつかみにくいもの。どんな会社にも、社内には外から見ているだけではわからない事情や表に出ない実態があります。

では着任前の段階で、その会社の事業基盤・事業資質を自分なりに正しく理解するにはどうすればいいのでしょうか。

会社の「事業基盤」や「事業資質」を予習する

- 何を目的として存在している会社なのか
- 何をつくって、何を提供して(売って)利益を得ようとしている会社なのか
- その事業内容を成り立たせている最大の強みは何なのか

↑

事業基盤や事業資質を、創業者や出資者に聞くことで、会社の“真の姿”を把握する

私のこれまでの経験から言うと、**「その会社をよく知る、いちばん近い外部の人に話を聞く」**のがいいと思います。

例えばオーナー企業の場合なら会社を立ち上げた人、つまり**「すでに会社を離れている創業者」**に話を聞くという方法です。

経営者として何を成しえようとしていたのか、そのために何を活用し何ができて何ができなかったのか。

創業者だからこそ知りえる事業の意義や可能性、途切れてはいけない関係先など、貴重な情報がそこにあるはずです。

また、事業再生でファンドが入っている会社なら、その**ファンドの担当者**とは十分なヒアリングをお互い行わなければなりません。

そのファンドはこの会社をどうしようと考えているのか。破綻させずに守っていくのか、短期で数字だけ伸ばして売り抜きたいのか。守りたいのなら、この会社のどこに企業価値を見出しているのか。早く売り抜きたいなら、どの部分を問題視しているのか。

何よりも企業価値を重要視するファンドは、その会社の実態を社内の人間よりも詳しく、しかも冷静に把握しているはず。そうした「内部に近い外部」の人の評価には見るべきところがたくさんあります。

傍から見れば、**展開している店舗数の多さが強みかと思っていたけれど、実際は、店舗数にはそこまで重きを置いていなくて、どちらかというと堅実な商品づくりで会社が支えられていた**、なんていうのはよくある話です。

また、企業理念に「より高品質の商品で社会に貢献する」と掲げられていたのに、実際に入ってみたら、「より儲けが出る商品で収益を上げる」という考え方に支配されていた、といったケースもあります。

会社の〝正体〟を知ることは、社長に着任するために不可欠なステップです。

先入観や思い込みを排除して、本当の意味でその会社の基盤となっているものを正確に把握しておかないと、後の大きなしくじりにもつながってしまいます。

「よそ者リーダー」の心得

44

「その会社をよく知る、いちばん近い外部の人」に話を聞く。
創業者やファンドの担当者には、ぜひとも話を聞きたい。

着任までに　基本情報を予習する

社長として「求められていること」を確認、共有する

社長を任されるからには、**委任する側からあなたが社長の間に「この会社をこうしてほしい」という要望があるはず**です。

具体的には、次のような要望が考えられます。

- **経営を立て直してほしい**
- **新規事業を立ち上げてほしい**
- **後継者が育つまでの〝ワンポイントリリーフ（中継ぎ）〟をお願いしたい**
- **企業売却のための事業整理を任せたい**

自分を会社のトップに据えた人（組織）がいちばんに望んでいることは何か、**自分がその会社で果たすべきミッションを明確にする**ことは、着任前にしなければならない最重要の確認事項となります。

例えば、

「まずはしっかり利益の出る会社にしてくれ」
「とにかく会社規模を大きくしてほしい」
「組織をスリム化して筋肉質の経営にしてほしい」――。

会社をどういう形に導けばいいのかを然るべき人に確認し、コンセンサスを得る。「会社を大きくする」のと「組織をスリム化する」のとでは、やり方がまったく違います。任せる側、任される側の方向性が一致しなければ、経営方針の立てようもありません。経営の方向性によっては、従業員との関わり方が変わってくることもあります。

また、「企業規模も大きくしてほしいが、利益率も上げてくれ。それから認知度も高めてくれ」のように要望が多岐にわたり、その優先順位が曖昧な場合もあります（経験上、経営がそこそこうまくいっている会社への着任時に多いケースです）。

さらにそれぞれの要望が相反していることも多く、

「利益構造を改善したいので、赤字事業部門を縮小します」

↓**「それだと規模の縮小になるから、しないでくれ」**

「今期は一時的に特損（特別損失の略。本業とは直接の関係がない、その期だけ特別に発生した損失のこと）を出して、翌期からV字回復を目指しましょう」

↓**「金融機関の手前もあり、特損は出したくない」**

など、経営方針がことごとく反対されて「じゃあどうすればいい？」となることもあります。ですから複数の要望があるときは、**必ず優先順位を確認して言質を取ること**が不可欠です。

さらに最優先の要望をクリアするためには、ほかの要望には目をつむる可能性があることも**しっかり確認し、合意しておきましょう**。

例えば、「安定的に利益を出せる体質にするのが最優先」と言われたら、「そのためには事業規模を縮小するかもしれないし、特損を出すかもしれないけれど、いいですね」といった確認をしておきましょう、ということです。

親会社や出資者との間で、自分が社長として「最優先で実現すべきこと」を決め、お互いに共有しておく――。ブレない会社経営をするための基本です。

「よそ者リーダー」の心得

45

自分がその会社で果たすべきミッションを明確にし、社長として「最優先で実現すべきこと」を決めて共有しておく。

着任までに

基本情報を予習する

ざっくりとした「お金の流れ」を把握する

「会社のお金のこと」も、**事前にある程度は知っておきたい要素のひとつ**です。

ただし着任前というタイミングでは事細かに数字を分析するというより、**おおよその数字で全体像を把握する**というスタンスでいいと思います。

まず知っておきたいのが「過去にさかのぼった売上や利益」、つまりPL（損益計算書）のおおよその数字の推移です。

直前期の3年や5年はすぐに入手できるでしょうが、大きくさかのぼった過去の実績において、**会社設立以降、最大となった売上額や利益、大きな伸びを見せた年度とその理由**はぜひひともチェックしておきましょう。

これらの数字は、「ここまでの実績をつくれる資質がある」という会社のポテンシャルを示すデータであると同時に、**将来的な成長の可能性の大きさを見極める指標**にもなります。

もうひとつ把握すべきは**「会社全体のお金の大まかな流れ」**です。

着任前にＢＳ（貸借対照表）に目を通して、**会社の運営資金がどこから出て、どこを巡り、どこにどういう形で留まっているかという大きな流れを把握**します。

例えば、

- **経営資金はどこから得ているのか**
（自己資金か、特定の企業・個人の出資か、金融機関からの借入か、親会社からの資金融通〈ＣＭＳ〉か）
- **何にお金が使われ、どのように回り、何に代わっているのか**
（在庫・仕入れ資金・投資）

などを確認します。

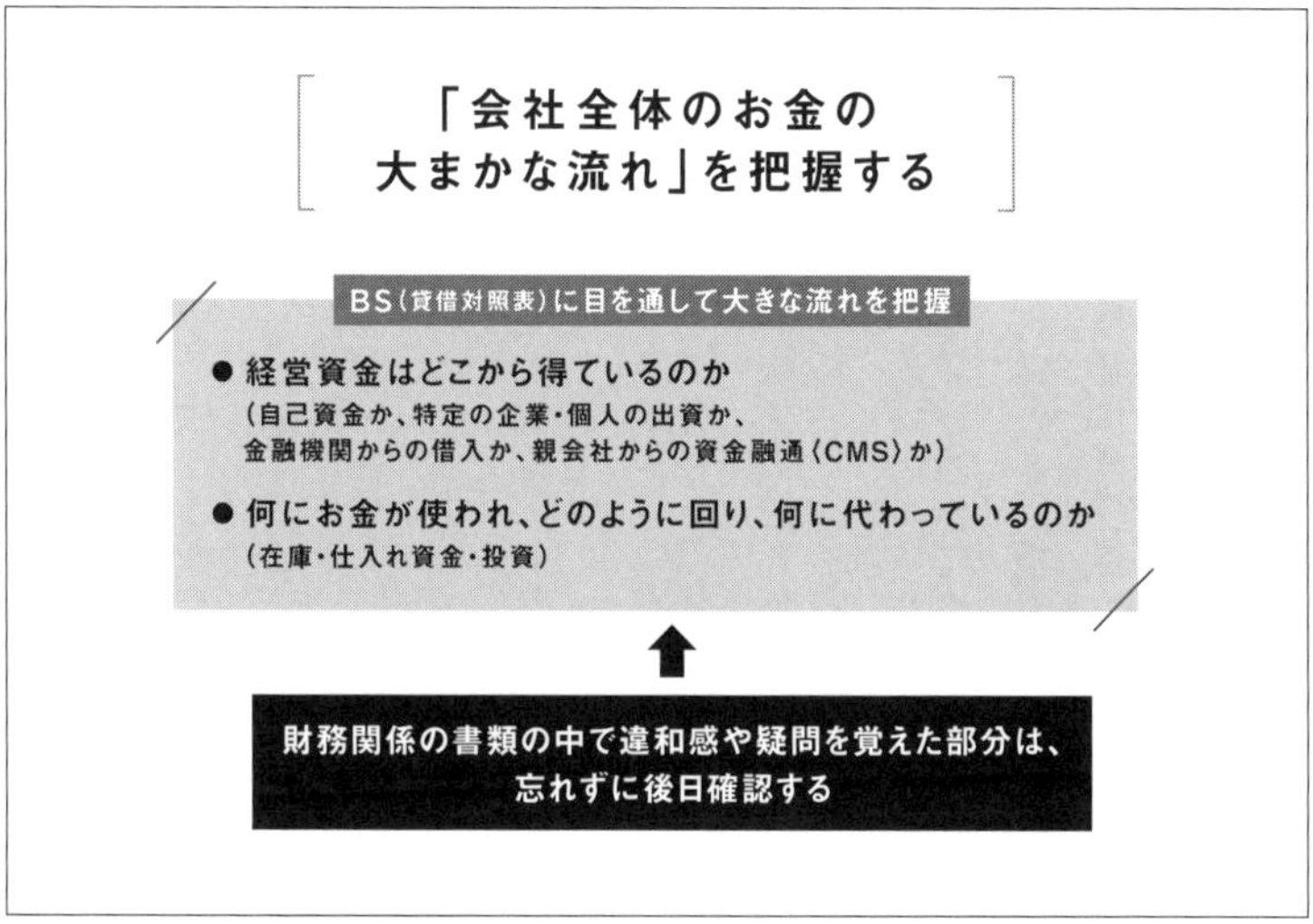
「会社全体のお金の
大まかな流れ」を把握する
BS（貸借対照表）に目を通して大きな流れを把握
● 経営資金はどこから得ているのか
（自己資金か、特定の企業・個人の出資か、
金融機関からの借入か、親会社からの資金融通〈CMS〉か）
● 何にお金が使われ、どのように回り、何に代わっているのか
（在庫・仕入れ資金・投資）
財務関係の書類の中で違和感や疑問を覚えた部分は、
忘れずに後日確認する

「こんな会社から出資を受けているのか」「親族からの出資を受けているのか」「特定の個人の出資もあるのか（ややこしいことになるかもしれない）」「やたらと在庫が多いな」「意外に仕入れにお金がかかるな」「こんなところに投資しているのか」など、気になる点が見えてくるでしょう。

ただ、ここで留意しておきたいのは、**会社に都合の悪い数字や明らかにしたくないお金の存在などは、そもそも事前に教えてはもらえない**ということです。

また、非上場企業やオーナー企業の場合、節税のために個人資産管理会社を設立しているケースもあります。**会社と個人資産管理会社との入り繰りについてはPLやBSを見ただけではわかりにくいことも多い**ため、これも注意が必要です。

着任前は「ウチはここ数年黒字続きで経営は改善されていますから、ここからさらに大きく飛躍させてください」という話だったのに、実際に行ってみたら、「どこが黒字なの？　ほぼ赤字でしょう」「こんな隠れ債務があるんだ」「こんなトラブル聞いてないよ」といった具合に、次々とネガティブな〝事後報告〟をされる——。こういったことも珍しくなく、外部招聘された経営者の苦い経験としてよく話に出ます。

後になって、こうした〝事後報告〟に振り回されないために、**おおまかでも事前にお金の流れをチェックしておくべき**なのです。

「このお金、どこから出てきたんだ？」
「この借り入れのとき、担保はどうしたんだろう？」
「ここはお金の流れが普通と違うな……」

その会社の財務書類を初めて見たとき、**お金の流れに何かしらの引っかかり**を感じたら要注意。そこには会社経営の支障となるような問題が潜んでいるかもしれません。

具体的でなくてもいい。抽象的でもいい。確証がない感覚的なものでもいい。**財務書類に違和感や疑問を覚えたら、そのことを忘れずに頭に入れておきましょう。**

着任後に気づかされるのではなく、着任前からお金の流れに対する問題意識を持っておくことが大事なのです。

「よそ者リーダー」の心得

46

「過去にさかのぼった売上や利益」と、「会社全体のお金の大まかな流れ」を把握する。

着任初日

向こう100日間のスケジュールを確認する

組織づくりの布石を打つ

着任以降、スピーディーに会社経営を進めていくためには、まず**自分自身のスケジュール確認**が欠かせません。

着任初日の時点では、**「向こう2～3カ月間にはどんな予定が入っていますか？」**という聞き方でOK。新任社長にとってスタートダッシュをかけるべき非常に重要な「最初の約100日間」のおおよそのスケジュールを確認しておきましょう。

会社によっては「待ってました」とばかりに、ギチギチのスケジュールを出してくるところもあります。取引先から関係団体まですべてを網羅したあいさつ回りから地方支社や海外工場の視察まで、100日間の半分以上は予定が詰め込まれているというケースも珍しくありません。

着任後の100日間は、社長にとってやるべきことが山積している時期。体はひとつしかないのですから、あいさつ回りや顔見せだけに忙殺されてしまうと、本来**この時期に取り組まなければならない仕事が、ドンドン後回しになってしまいます。**

初日に予定を確認し、ビジネス的に比重が大きい取引先や現状で問題を抱えているところには、最優先ですぐに顔を出すけれど、「そこまで急ぐ必要はない」「ある程度落ち着いてからでも問題ない」という相手は、少し時期をずらす。そうした**調整も必要**になります。

以前、ある会社の社長に着任してすぐに「まずは全国の主要な取引先にあいさつ回りをしてほしい」と、北海道から九州までビッシリの**〝全国行脚〟に近い予定**を渡されたことがありました。しかも1日3～4店回るという、ほとんど分刻みのスケジュール。

さすがにこれでは、社長としての経営業務にあてる時間がほとんど確保できません。それに、時間に追われるスケジュールで、常に次の予定を気にしながらのあいさつでは先方に失礼だろうと、そのときは結局、優先順位をすり合わせて再調整してもらいました。

また、あいさつ回り以外でも、着任直後から「営業〇部から現状の営業状況報告をしたい」「経理部からキャッシュフロー関係の現状報告をしたい」といった**「報告系」の予定**も次から次へと入ってきました。

私が内容を見て、そのたびに「それは明日でいいです」「スケジュール調整してから聞きます」「しっかり時間をとって聞きたいので、時間を決めてからにしましょう」と対応していたために、最初の頃は「今度の社長は何かとスケジュールにこだわる人だ」という印象を持たれていたようです。

でも私は社長として、「自分のペース」を守ること、スケジュールに振り回されるのではなく**自分で時間をコントロールすることが重要だ**と考えていました。そして、それは正しかったと思っています。

着任直後から100日間くらいの予定については、**「重要性」と「緊急性」の観点から、すぐに対処するべきか、今すぐでなくてもいいかを検討する**――。

これも社長着任初日にしておくべき、非常に重要な仕事だと心得てください。

「よそ者リーダー」の心得

47

向こう100日間の自分のスケジュールを確認する。
優先順位を決め、今でなくてもよいことは後回しにする決断も。

着任初日

組織づくりの布石を打つ

デスクのパソコン設定でつまずかない

着任初日に**見落とされがちなのが、仕事環境の整備状況です**。部屋やデスクが用意されていて、すぐにストレスなく社内外とのコミュニケーションがとれる状態かどうか。中でも必ず確認しておきたいのが、**自分のパソコンの設定**です。

些細なことのように思えますが、実はスムーズに仕事を始めるための大切なポイントとなるため、しっかりチェックしておきましょう。

多くの場合、総務部なりシステム部の担当者なりが事前にセットアップしてくれているはずです。それでも、自分のメールアドレスのアカウントや社内データへのアクセス手順、スケジュール共有や社内コミュニケーションツールの確認方法など、**翌日から迷うことなく業務遂行できるシステム環境になっていることを自分の目と手で確認しておきます**。

もし何か不足や不具合があるようなら、すぐに整えてもらうようにリクエストを出さなければいけません。業務がスタートしてから「私のスケジュールはどうやって確認するんだっけ?」「社内メールはどれで見ればいい?」「このデータを調べるにはどこにアクセスするの?」とその都度ドタバタするようなことは極力避けるべきです。**整理された情報へのアクセス環境があれば、着任後すみやかに、さまざまな情報を得ることができます。**

さらには対外的なあいさつ状の準備、就任メールの送信先、新しい名刺の発注など確認しておく事項は少なくありません。

経営の再建や改革を任されて着任した社長にとって、課せられた仕事はどれも〝待ったなし〟のものばかり。常にスピーディーに進めていく必要があります。

些細なことだからこそ、業務の足かせにならないように最初にキッチリ確認しておくことが重要になるのです。

「よそ者リーダー」の心得

48

些細なことのように思えて大切なのが、着任初日のパソコン設定。スピーディーに業務を進めるためにも、忘れずに確認したい。

組織づくりの布石を打つ

トップは率先して定時に出社し、定時に帰る

社長は定時になったらさっさと帰る——これは私の持論であり、自分に課しているルールです。

もちろん異論もあるでしょう。私の先輩である某会社の社長のように、「社長は会社のキーマンなのだから、朝は最初に出社してカギを開け、帰りは最後にカギを閉めて退社する」というスタイルを貫いている人もいます。

ただ、私は極力、定時で帰るようにしています。

働き方改革が叫ばれている昨今、多くの企業が残業削減や残業ゼロを目指すなど業務改善への取り組みを始めています。いつまでも会社に残ってダラダラ仕事をするのは、時代の流れに大きく逆行する行為でしかありません。

個人主義的な考え方が広がり、上司は上司、自分は自分という発想でマイペースに働く人も増えてはいますが、やはり「役職が上の人間が残っているのに、先に退社するのは気が引ける」という思いに縛られる人も少なくありません。

部下が「定時で帰ります」と言えないのは「上司が定時で帰らない」から。いくら言葉で「残業削減」を呼びかけても、組織として「上が帰るまでは、下も帰りにくい」空気が変わらなければ業務改善はそう簡単には進みません。

だからこそ、まず社長自らが率先して〝さっさと〟定時に帰る。

「社長はこういう時間管理をする人なんだ」

「ウチの会社の仕事に対するスタンスはこうなんだ」

という認識を浸透させることが、**全社的な働き方を変える第一歩になる**のです。

特に、外部からやって来た〝よそ者社長〟の場合は、**着任初日が重要です**。

周囲は新しい社長の働き方や仕事へのスタンスを知りたがっています。着任早々から、夜遅くまでパソコンや書類とにらめっこして居残られたら、従業員は、

「新しい社長は残業とか気にしない人なのか？」

「もしかして『会社にいることが仕事』っていうタイプ？」

「毎日こんなに遅くまでいられたら、正直やりにくいよな」

と、〝先が思いやられる気分〟になってしまうでしょう。

「初日だからやる気を見せたい」「すぐにでも仕事に取りかかりたい」とばかりにがんばってしまう気持ちもわかりますが、それは逆効果。初日こそ、**潔くサッと帰る姿を見せるほうが今後のためになります**。

終業時間を過ぎても社長が社内をうろついているような会社では、従業員のストレスも増すばかり。新しい社長が残業ばかりしていたら、「ウチの会社は社長まであんなに残業しないと立ち行かなくなるくらい、危機的状況なのでは……」といった、**あらぬ不安や誤解を生む恐れ**もあります。

もちろん、会社としての緊急対応が必要な場合や、一気に改革を進める局面などでは、時間に関係なく動くべきですが、スマホやタブレットがある今は、どこにいてもすぐに連絡がつく時代。よほどの緊急事態でない限り電話やメールで対応できるのですから、経営トップこそ、定時退社を徹底するべきなのです。

そして、このスタンスは**朝の出社時間**にも当てはまります。

朝早めに出社するのは悪いことではありません。社長というポジションは、朝の始業までに準備が必要な仕事が多いもの。その仕事をこなすために早めに出社するのは当然でしょう。

ただ、「その日の朝に会社でしかできない仕事」がないのに、**単なる習慣で朝早く来て、従業員が出社してくるのを新聞を読みながら待っている、というのはあまりよろしくありません。**

「社長がこんなに早くから出社しているのだから」という状況は、役員や管理職などの出社を早め、結果として、現場の従業員の出社も不必要に早くさせてしまいます（社長室が別フロアに設けられているような大企業や、従業員は全員リモート勤務が基本という会社ならば、それでも問題ないのですが）。

私の場合は、朝起きてから出社するまでの時間で、新聞やネットニュースなどで必要な情報をインプットし、前日退社した後に届いたメールに目を通してから出社するようにしています。ですから社長室の席に着くのは、せいぜい始業の10～30分前くらいになります。

仕事がはかどるのだから、いくら朝早く来てもいいじゃないかと思うかもしれません。でも、**朝の始業時間前の出社も「時間外」であることに変わりありません**。当日の仕事の「準備時間」は必要ですが、それが1時間2時間に及ぶ場合は、勤務時間としなければなりません。

社長のあまりに早く出社する習慣は、従業員に気をつかわせるだけでなく、「始業前残業」を、いたずらに増やしてしまう恐れもあるのです。

社長の行動は、自社の従業員に少なからず影響をもたらすということを、あらためて認識しておきましょう。

「よそ者リーダー」の心得

49

夜の退社も朝の出社も、極力定時を守る。自身の時間に対する意識が、従業員の働き方に大きな影響を与えることを自覚する。

着任初日

組織づくりの布石を打つ

社内の人間とは、極力飲みに行かない

偏らず、公平であること――。

これは社長に限らず、**組織のリーダーを務める者の基本**だと考えます。

権限を持つ立場にある人は、「自分の行動は、常に周囲から見られている」ということを忘れてはいけません。特に従業員とのコミュニケーションの取り方には細心の注意を払うべきです。

私は本来、おいしい食事やお酒に目がないのですが、社長の職に就いている間はあえて、**従業員と個人的に飲みに行く機会を封印していた**ところがあります。

そしてその時間を社外の方と会う時間に割くことで、**「社長」としての私にしか得られない情報を集めたり、対外的な関係性を強めたりすることに注力**しました。

〝飲みニケーション〟についての考え方は人それぞれで、積極的にそうした機会をつくって従業員と交流するべきという人もいるでしょう。

ただ私の場合は、前述のインフォーマルグループとの関わり方でも記した通り、リーダーという立場になった以上、**コミュニケーションの公平性を最重要視すべき**と考えています。

であるならば、極論すれば「飲みに行くなら全員と同じ回数、同じ店で、同じ話題」でなければ本当の意味での公平にはなりません。

「あいつはまた誘われている」

「誰々とは銀座の高級店だったのに、自分はガード下の赤提灯だった」

「誰々とはこんな話をしたらしいけれど、自分とはそんな話にならなかった」

では不公平ということになります。

一部のメンバーとだけ親しい。食事に誘うのはいつも同じメンツばかり。本人には**そのつもりがなくても周囲の目にそう映ってしまうと、「不公平な人」「えこひいきする人」といった、思いもよらぬ勘違いや憶測が生まれかねません。**

また、1回飲みに行っただけで、「オレ、社長とよく飲みに行くんだ」というアピールをして、事をややこしくする人もいます。チーム単位の飲み会、これも時にはいいでしょうが、「社長はいつも企画チームと行っている」「誘われるのは営業担当ばかりだ」とならないように。

こうしたことが、知らぬ間に社内に「不公平感」を生んでしまうこともあるのです。

特に着任した初日から数日間は、特定の誰かと飲みに行かないほうがいい。

私も着任初日の帰りには、役員や総務部長から「社長、顔合わせも兼ねて一杯どうですか」とよく誘われたものです。そうした場が嫌いではないので行きたいのは山々なのですが、そこはグッと我慢。「申しわけありません。初日はまっすぐ帰るようにしているんです」と、丁重にお断りしていました。

ここで「やあ、行きましょう」と一部のメンバーと飲みに行ってしまうと、**同行したメンバー、しなかったメンバー、どちらにも勘違いされる**恐れがあります。

さらに、次に誰かから誘われたときに断わったら「あの人とは飲みに行ったのに」となりかねません。

プロ野球界の希代の名将として知られる故・野村克也さんは監督時代、結婚する選手に仲人を頼まれても一度も引き受けなかったと言います。「あの選手の仲人はしたのに、自分の仲人はしてくれないとなったら選手が傷つく。だから最初からどの選手の仲人も引き受けない」と。それがノムさん流の公平なコミュニケーション術だったのです。

絶対に飲みに行くなとまでは言いませんが、行くならできる限り公平に、周囲に偏りを感じさせないような気配りは必要です。

いつ、誰と飲みに行こうがたいしたことじゃない――そう思うなかれ。

従業員や部下、メンバーとのコミュニケーションにおいては、**「量」にも「質」にも差をつけない**こと。組織を一体化させるためにも、リーダーにはそうした自制心が求められると、私は考えます。

「よそ者リーダー」の心得

50

従業員とのコミュニケーションは、公平性を最重要視する。特に着任した初日は、特定の誰かと飲みに行かないほうがいい。

着任初日～30日

新天地の「現状」を把握する

着任から1カ月は、できる限り社内を回る

新しい会社に社長として着任した場合、**最初の1カ月間はできるだけ社内の各部署を回る**ことをおすすめします。

初日にひと通り社内を回るケースもありますが、そのときは迎える従業員も身構えていて、現場の様子が普段とは違うことも珍しくありません。そのため、着任後に改めて社内を回り、**初日にはわからなかった日常の雰囲気を把握すること**も、社長にとって欠かせない仕事になります。

明るく和気あいあいと仕事をしているのか。
みんなしかめっ面でデスクに向かっている暗い雰囲気なのか。
役職に関係なく、誰もが意見を言い合える風通しのいい会社なのか。

上司が怒鳴り散らして部下が萎縮しているような雰囲気なのか。

こうした**日常の光景にこそ、会社の風土や文化が如実に表れます。**着任後の早い時期に自分の会社の風土を把握するためにも、自分の目で〝会社の素のままの姿〟を確かめることが必要になるのです。

その際は**事前アナウンスをせず、あくまでも「フラッと顔を出してみた」という感じで。**時には昼食時の社員食堂や休憩所を回ってみるのもいいでしょう。

ただし、いかにも「視察しています」になってしまうと〝抜き打ちテスト〟をしているようにとられてしまうので要注意。

「この社長はクビ切りのために来たのか」

「誰をリストラするか、様子を探りに来たのか」

といったネガティブな感情が従業員たちの間に広がってしまいかねません。

経営再建をしていく上で気をつけたいのは、いずれは大きく組織を変えていくにしても、自分はただリストラをしにきたわけではないという姿勢を見せることです。

早いうちから**現場に顔を見せて明るく声をかけ、「今度の社長は、明るくて前向きそうな人」というポジティブな印象を与え、不安を感じている従業員の警戒心を解く**ことも非常に大事なのです。

「よそ者リーダー」の心得

51

最初の1カ月間は「フラッと顔を出した」感じで社内を回る。
明るくあいさつをし、ポジティブな印象を与えることも忘れずに。

着任初日〜30日

新天地の「現状」を把握する

「コンプライアンスの現状」をチェックする

近年、会社の不正やコンプライアンス違反に対する社会の目が厳しさを増しています。私のこれまでの経験から言えるのは、**「コンプライアンスへの意識は、会社の風土によって醸成される」**ということです。

利益が出れば何でもいいという会社では、

「上司からやいのやいの言われるから、どんなことをしてでも売上目標を達成しなければいけない」

「何としてでもライバル会社よりいい製品を世に出さなければ、社内での立場がない」

といった圧力が、本来の手続きをすっ飛ばす、法律やルールを無視するといった不正につながることもあります。

管理体制が〝なあなあ〟で甘い会社では、

「少しくらいごまかしてもどうせバレない」「この程度なら確認しなくても平気でしょ」

といった〝**軽い気持ち**〟が、**横領や権利関係の違反、情報漏洩といった重大なコンプライアンス違反の温床になる**可能性もあります。

当人に「コンプライアンス違反」という認識があるかないかにかかわらず、

「ウチの会社は、前からずっとこうだから」

「計画達成を優先しないと利益が出ないんだから仕方がない」

「先輩たちもみんな普通にやっていることだし」

といった会社の風土や雰囲気が、そうした違反行為を正当化してしまうケースは決して少なくないのです。

しかし、ひとたび不祥事やコンプライアンス違反が取り沙汰されれば、会社経営は大きな打撃を被り、社会的信用はあっという間に失墜してしまいます。

社長にとってコンプライアンスの遵守は、業績改善や利益追求以上に徹底しなければならない企業倫理、社会的モラルとしての重大な課題と言えるでしょう。

私の知人に、この現状把握が不十分で大変苦い経験をした人がいます。

彼の会社では商品の企画・販売は自社でやるものの、生産自体は海外の協力工場で行っており、彼も着任時、そこの現場の生産ラインの状況までは把握していませんでした。

本来ならば、生産ラインのコンプライアンス意識もきちんと確認するべきなのですが、「個々の工場は何の問題もありません」という担当者の報告を聞いたまま、特に海外工場においては確認を怠ってしまったのです。知人はかなり慎重な性格だったのですが、社長着任直後だったこともあり、担当者の発言をそのまま信用して受け取ったのです。

ところが、それからしばらくしてのこと。彼の会社のある海外ライセンス商品の生産において、本来なら出荷前に行うべきライセンス元への承認申請が漏れたまま生産・出荷していたことが発覚して大騒ぎになりました。

ライセンス元の規定や管理の仕方にも曖昧な点が多かったため、海外の生産現場ではその基準の緩さと甘さをいいことにルールを逸脱し、生産・出荷を優先した手順をとるという違反行為が行われていたようです。

少し考えればすぐに「いけないこと」だとわかるような、言いわけのきかないルール違反。国内の担当者も「よもや、そのようなことがあるはずがない」と考え、事実を把握できていなかったのだとか。

問題発覚後、社長である彼が現地に出向いて先方の責任者に聞いても、「これまで何の問題もなかったから大丈夫だろう。それに売れている商品なので、出荷を止めるわけにいかなかった。滞ると御社の担当者の大変な怒りを買ってしまうんです――」と、半ば開き直ったような答えが返ってきたのだとか。工場全体がコンプライアンスを唱えていても形だけで、実態は売上のためには何でもやるという風土。心底、「しまった」と後悔したとのことでした。

「たとえ資本関係のない協力工場であっても、発注元の責任者として自分が現場の状況をチェックしていたら――」と反省する彼の姿に、「私の会社だって他人事ではない」と、背筋が寒くなったものです。

この話を聞いて**「コンプライアンスへの意識は、会社の風土にある」**ことを**痛感**した私は、社内はもちろん、協力工場をはじめすべての委託先のコンプライアンス状況を、今一度確認することにしました。
そして実際に調査したところ、一部の部門や委託先では、先の知人の会社と同様の事故が起こりえるような企業体質になっていることがわかったのです。

表面的には「コンプライアンス遵守」を標榜していても、現場では「そのような四角四面なことをしていたら生存競争に勝てない」という意識が根強く、その結果、不正や不祥事が発生してしまう――こうした事態はどの会社にもありえること。

しかしながら、社会的存在である会社にとってルールを守ることは「できていて当たり前」であり、その当たり前を疎かにすれば、会社の存続さえ危うくなってしまいます。

そうした事態に陥らないためにも、新たに**社長に着任したら100日間くらいのうちに、業務に関わる法規制や社内規範、企業倫理を洗い出しておく。**コンプライアンスの現状についてつぶさにチェックしておく。こうしたアプローチが非常に大事になります。

さらに、社長自らが先頭に立って、

「スピード感は大事だが、守るべきルールは守ること」
「家族的な雰囲気も大事だが、締めるところは厳しく締めること」
「上司が何と言おうが、ルールに違反する指示は拒絶すること」

といった、**コンプライアンスに対する意識の徹底をしっかりと呼びかけ、浸透させ**

ることも重要になります。第2章で述べた、**バッドニュースファーストを周知徹底することも**有効でしょう。

中には「社長がいくら呼びかけたところで、現場の個々の従業員にまで浸透するかは疑問」という声もあるでしょう。

しかし、**末端の現場でコンプライアンス違反が発生したとき、実は社長や経営陣も「どこかで、何かしらの違反が行われているかもしれない」ことに薄々気づいていて、なおかつ、そうした風土を黙認し、時には自らコンプライアンスを軽視した行動をとってきたというケースが少なくありません。**

やはり全社的な規律の引き締めには、最初に**経営トップの「ルールは守る。不正はしない、させない」という毅然とした、確固たる姿勢を見せること**が不可欠なのです。

さらに、コンプライアンス違反の兆候を見逃さないための**チェック体制の構築**も不可欠です。

例えばコンプライアンス違反をリスクの段階で発見し、未然に防ぐための内部監査制度の立ち上げ。社内の人間関係にしがらみのない社労士や弁護士など、第三者の、専門家による「中立的な外部監査機関」の設置などが挙げられます。ただしこれらも形式的で活用の継続性がないものでは意味がありません。

意識の浸透と、違反を防ぐためのシステム構築によって、「ルールを守る」という認識を社内に根付かせる。こうした取り組みは、着任してすぐの**社内事情を知らない**“**よそ者**”**だからこそできる**とも言えます。そのタイミングできちんと対応しておきたいものです。

いずれにしても「不正のない健全な会社経営」は、すべてトップである社長の意識にかかっていることを肝に銘じましょう。

「よそ者リーダー」の心得

52

コンプライアンス遵守を確認するのは、重要な社長の仕事。
「ルールは守る。不正はしない、させない」という姿勢で臨むべし。

着任初日～30日

新天地の「現状」を把握する

システム投資とシステム構築は、丸投げしない

現代の会社経営は、ＩＴによる情報管理技術の活用なしに語ることができません。

ＤＸ（デジタルトランスフォーメーション）が加速していく中、ＩＴインフラの構築やＩＴ戦略実践のためには、当然ながら、甚大な費用＝システム投資が必要になってきます。ところが**システム投資が会社経営の盲点になる**ことが少なくないのです。

特にＩＴに関する専門知識のない社長の場合、システム構築やその費用については、契約しているシステム会社と現場担当に任せっきりという会社も多く見受けられます。

こうした会社では**システム担当部門が〝ブラックボックス化〟する傾向**があり、どのようなシステムができ上がっているのか、それにいくらかかったのかを経営陣が明確に把握できないという事態にもなりかねません。

システム投資は費用対効果が明確には見えにくいこともあって、どうしても**経営課題としては先送りされがち**です。「そのようなことに何千万円も何億円もかける必要あるの？」と疑問に思う社長やオーナーもいるでしょう。

経営的に余裕があって、優秀なＣＩＯが構築した最新システムが常に更新されている会社ならば、大きな問題はないかもしれません。

しかし、まだ以前からの古いシステムや古いＣＯＢＯＬ言語などで積み上げた仕組みの上で成り立っている会社が多いのも事実。特に中小企業ではそうした例が多く見受けられます。

システム担当者には入社以来それだけをやっている人も多く、その人が持っている知識や情報がアップデートされない限り、システムはいつまでもそのまま停滞するという事態も十分にありえます。

既存の情報や従来のままで処理できるデータならば、多少古いシステムでも対応できるでしょう。しかし、ＤＸが一気に進むこの時代に合わせた新しいチャネルや新しい戦略、新しいサプライチェーンなどに対応しようとなると、やはり最新のシステム構築が必要になります。

「さすがにこのシステムは新しくしたほうがいいんじゃない？」
「いや、これで何とか仕事は回っているから、当面はこのままで大丈夫ですよ」
――かつて私が関わった会社で、システム担当者とこんな会話をしたことがあります。システム投資には大きな費用がかかることもわかりますが、**この先の経営を考えたら、「何とか回っている」では危険が大きすぎます。**

今の時代、ＩＴ整備の遅れは会社の存続にも関わるリスクであり、「今は厳しいから2～3年待とう」では手遅れになることさえありえるのです。

システム投資とシステム構築は、現状に慣れっこになっている担当者任せにせず**〝経営マター〟**として**社長が積極的に踏み込むべき問題**です。場合によっては外部の第三者にシステム状況の検証を依頼するくらい慎重に取り組む必要があるのです。

「よそ者リーダー」の心得

53

システム投資とシステム構築は経営案件、社長が積極的に踏み込むべき問題である。

着任初日～30日

新天地の「現状」を把握する

会社独自の「管理指標」を検証する

着任後の確認事項のひとつに**社内の業務フロー**があります。

ここでは具体的に仕事が円滑に流れる仕組みになっているか、無駄な動きが入っていないか、そしてその仕組みが社内に定着しているかなどを確認します。

業務フローや人事評価制度など社内の人と情報の動きに関して決まり事をチェックする際に出てくる**重要管理指標（ＫＰＩ）についても注意が必要**です。

どこの会社でも「売上高」「営業利益」「損益分岐点」「一人当たりの売上高」といった一般的な管理項目以外に、独自の管理指標を持っているものです。

いくつかの会社を見てきましたが、行く先々で**自社製品の市場回転率**だとか、**事業別付加価値算出額**だとか、**初めて聞くような管理指標**と出合ってきました。

当然〝初モノ〟に出合うたびに「これはどういう意味?」と確認します。

「この数式で計算すると、こういう数字が出てくるんですよ」と教えてもらって、本当にその数字に意味があることが理解できれば、何ら問題ありません。

ただ、教えられても意味がわからない、何のために計測しているのか、この数字にどんな根拠があるのかを理解できないという、複雑で特殊な指標もあります。

また、過去にコンサルが導入したと思われる、**複雑すぎて高度すぎて、とても管理可能とは思えない指標**が出てくる場合もあります。

そうした管理指標をよくよく検証してみると、これまた以前からの〝慣例〟として使われ続けているものも少なくありません。また、管理者のさじ加減でどうにでも動かせる数字だったり、視点が偏って公平性に欠けていたり、計測にものすごく手間がかかったりと、引き続き使用するには問題の多い指標であるケースも多いのです。

独自の管理指標で、自分で納得がいかないものは、いったん封印して個別にきちんと説明を受け、根拠や因果関係、整合性などを精査する。

その上で、引き続き使用できる指標なのか、再検討や廃止を含めた見直しが必要な

のかを見極める、というプロセスが必要になるでしょう。

社長が理解できていない指標が人事評価や組織評価の一助とされてしまうのでは、従業員もたまりません。**精度が高く、正しい意思決定ができる管理指標を整備することが、従業員の納得度の高い人事評価制度につながる**のです。

「よそ者リーダー」の心得

54

初めて耳にする、その会社オリジナルの「管理指標」に要注意！
指標の根拠などを聞き、引き続き使用するべきか見極める。

着任初日〜30日

新天地の「現状」を把握する

自社の「マーケティング力」を把握する

モノやサービスを、直接的にせよ間接的にせよ、最終的に消費者やユーザーに届ける事業を行っている会社の経営にとって、マーケティング力は不可欠なものです。

会社経営の究極の目的は新たなマーケットを創出することにある——これは「マネジメントの父」と呼ばれるピーター・F・ドラッカーの言葉です。

私も会社の経営トップに立つ者の最大の目的は「企業を継続させること」、そして同時に**「社会に新たなマーケットを創出すること」**だと考えています。

そうした意味からも、〝よそ者〟として新たに着任した凡人社長が新天地でイノベーションを起こし、経営を活性化させるためには、**自分が任された会社の「マーケティング力」を把握することが非常に重要**となります。

すでにCMO（最高マーケティング責任者）などの役職を設けたり、マーケティング活動を統括する専門セクションを有したりする会社ならば、一定レベルのマーケティング力は整っていると考えられます。

しかし、マーケティング専門の担当部門や人がいない、いても営業や商品開発等兼務が多い、担当を任せられる適切な人材がいない、そもそも企業風土的にマーケティングをあまり重要視していない、といった会社もいまだに少なくありません。ＣＭＯという役職にしても、欧米企業ではスタンダードですが、日本企業ではまださほど周知されていないのが実情です。

その会社のマーケティング力の基盤となるのは、次の3つだと考えます。

①個々の従業員の感性や感覚、洞察力といった資質
②マーケットから、さまざまな情報を入手するためのネットワーク
③基本的なマーケティング理論の理解と遂行能力

自分が任された会社の、これらのレベルはどの程度なのか――着任後30日（約1カ月）を目処に、なるべく早い段階でその検証をしておきたいものです。

具体的にマーケティング力をチェックするポイントは、次のようなものです。

- **企画部門が新たなマーケット創出に意欲を持っているか。営業部門の下に位置付けられていないか**
- **広報（社内・社外）・宣伝といったコミュニケーションチームの役割が明確になっているか**
- **営業部門は既存マーケット情報を吸い上げ、次の事業提案に反映しているか。単なる御用聞き営業になっていないか**
- **基本のマーケティング戦略の立案・実行ができているか**

※基本のマーケティング戦略とは、４Ｃ（Consumer value：顧客価値、Cost：費用、Convenience：利便性、Communication：コミュニケーションの頭文字をとったもの）や４Ｐ（Product：製品、Price：価格、Place：流通、Promotion：プロモーションの頭文字をとったもの）や、ＳＴＰ（セグメンテーション・ターゲティング・ポジショニング）の分析などを指す。

さらにもうひとつ、会社のマーケティング力をはかる指標として重要視したいのが**「プロダクトアウト」と「マーケットイン」のバランス**です。

経営方針や技術力、設備の状況など、会社側の基準に合わせて商品開発や販売を行

自社のマーケティング力を把握する方法

マーケティング力の基盤となる3つの要素

1. 個々の従業員の感性や感覚、洞察力といった資質
2. マーケットから、さまざまな情報を入手するためのネットワーク
3. 基本的なマーケティング理論の理解と遂行能力

具体的なチェックポイント

- □ 企画部門が新たなマーケット創出に意欲を持っているか。営業部門の下に位置付けられていないか
- □ 広報（社内・社外）・宣伝といったコミュニケーションチームの役割が明確になっているか
- □ 営業部門は既存マーケット情報を吸い上げ、次の事業提案に反映しているか。単なる御用聞き営業になっていないか
- □ 基本のマーケティング戦略の立案・実行ができているか

うのが「プロダクトアウト」。

一方の「マーケットイン」は、消費者やユーザーなど、顧客側が必要とするものを基準にして商品開発や販売を行うことです。

プロダクトアウト偏重の弊害についてはすでに多く指摘されていますが、ただ単に「プロダクトアウトは悪、マーケットインが善」と二元論的に片付けていいものでもありません。

たしかに会社側の理論や都合だけで開発・販売した商品は、顧客に受け入れられる比率が低くなる半面、既存の枠にとらわ

れない革新的で独自性の高い商品が生まれる可能性も高くなります。

一方、マーケットインは顧客に受け入れられやすくはなりますが、市場のニーズを意識しすぎると商品開発に独自性がなくなり、他社と同質化した横並びの商品ばかりで、結果、採算性のない事業になる恐れも。

どちらがいい悪いではなく、あくまでもバランスの問題ということです。

自分の会社は、独自のモノづくりの視点（プロダクトアウト）と市場の変化を捉えて反映させる視点（マーケットイン）、両者のバランスがうまく取れているか。どちらかに大きく偏っていないか――。そうした視点で事業全体をチェックし、**マーケティングに関する自社のポテンシャル**を確認します。顧客や市場と向き合い、その動きを察知しようとするのがマーケティング。その意識の高さは、**会社の「事業に対する前向きな姿勢」の表れ**です。だからこそ、会社経営の活性化にはマーケティング力の向上が不可欠であり、社長自らがその推進者になるべきなのです。

「よそ者リーダー」の心得

55

基本ができているか、会社の「マーケティング力」を把握する。「プロダクトアウト」と「マーケットイン」のバランスも確認を。

コラム

社長も身につけるべきＩＴリテラシー

自社への最新システムの導入や、プライベートでＳＮＳを多用する時代のコンプライアンス意識の醸成などで避けては通れない課題が**「ＩＴリテラシーの向上」**です。

ＩＴリテラシーとは、「ＩＴ分野の知識や情報を理解し、対応する能力」「ＩＴ機器やシステム、サービスを使いこなす能力」のこと。

中でも、社会や市場のデジタル化に対応するための**ＤＸへの取り組み**は、すべての経営者が率先して着手すべき課題となっています。

同時に、時代の流れに乗り遅れてはいけないという意識はあるものの、何から手を付ければいいのか、どの程度の費用がかかるのかもよくわからないと嘆く経営者も増えています。しかしこれからの時代、経営トップに就く者としては「わからない」と嘆いてばかりではいけません。

社長にとって社内のシステム構築は、現場担当者に丸投げせず積極的に踏み込むべき領域であること、ＩＴシステム整備の遅れは、今や会社存続の危機さえ招く深刻なリスクになりえることは、すでに申し上げた通り。ＩＴ分野に苦手意識があっても、自分なりに勉強し、最低限の知識や情報は得ておきたいものです。

一方で、元々ITに興味がある社長やシステム畑出身の社長の中には、現場担当者以上にITに詳しいという人もいます。社長がIT分野に明るい（ITリテラシーが高い）のは非常に望ましいのですが、注意しなければいけないことがあります。

それは、なまじ知識があるがゆえに、「自分のほうがよく知っている」と過信してしまうケースがあることです。

システム担当者を飛び越えて、独断で話を進めてしまう。複数社の提案を比較検討すべきなのに、知り合いのシステム会社が自分に直接持ってきた話を最優先して独断で導入を決めてしまう。それが優れたシステムならまだしも、フタを開けたら社内の**別システムとの互換性がなく連携も悪いといった「使い勝手のよくないシステム」で、かえって業務に支障が出てしまう**――そうした話を聞くこともあります。

経営トップである**社長に求められるITリテラシーの基本**とは、「わからないからすべてお任せ」でもなく、「知っているからすべて任せろ」でもなく、知らないことを真摯に学び、知っているからと過信せず、**現場と一緒に「自社にとって最適なITの活用の仕方」を考える姿勢**であると、私は考えています。

着任初日〜100日

リーダーとして成功の芽をつくる

向こう3年間のロードマップをつくる

新たに起業した会社が**将来的に事業を継続できるかどうかの分岐点は「3年目」**だとよく言われます。また**多くの企業は、将来を見据えた中期経営計画を「3年」という期間で策定しています。**

ファンドが会社に投資するときも「3年で黒字に転向させ、5年で累損を一掃し、一定の企業バリューが上がったタイミングで事業売却を判断する」というケースはよくあります。

このように**会社経営における「3年」は、経営施策の成果や進捗状況を評価するための、わかりやすい基準単位になっている**のです。

もちろん前提として、経営トップである社長は「10年後、20年後に会社がこうなっていたい」という揺るぎない長期的なビジョンを明確に示す必要があります。

そのビジョンのもとで全従業員を隅々まで巻き込み、ボトムアップも含めて経営施策を実行していくために**「3年」というタームが非常に重要だ**ということです。

自分が取り組んできた施策を検証し、成果が出ているなら次のステップに進み、出ていないなら大幅に計画を見直す。そうした**経営判断をするには、短すぎず長すぎずの「3年」がちょうどいい期間**なのです。

スーパー手腕を持つカリスマ経営者ならば3年もかけずに1年、2年で目に見える結果を出せるかもしれません。しかし〝凡人〟が真似してもそれは無理な話。

だから、まず3年を見据えてやってみる。

経営を3年のタームで捉え、3年後に目指す「会社のゴール」を策定し、3年で成果を出すことを考えるべきなのです。

例えば事業再生の場合、1年目や2年目はまだそれまでの悪化した経営状態の影響が残っている段階。いわば、マイナスをゼロに戻し、経営を整理して立て直し、再チャレンジできる状況にまで持っていく時期とも言えます。

しかし**3年目にはその言いわけは通じません**。ここからは、成果が出るか出ないかがすべて新たな社長の経営責任になります。

さらに言えば、経営者にとっての「3年目」とは、「3年間取り組んで成果が出せないなら、自分はこの会社の経営に向いていない」という、自分自身の資質を見極めて、場合によっては**社長としての自身に見切りをつけるタイミング**でもあるのです。

経営を任されて着任した〝よそ者社長〟、特に剛腕ではない凡人社長は、10年後、20年後という大きなスパンで長期ビジョンの実現を見据えながらも、常に、

「自分に与えられた期間は３年」

「自分は〝３年契約〟の身」

というくらいの意識と覚悟を持って、全力で経営に臨むべきだと思います。

「よそ者リーダー」の心得

56

社長は３年がひとつの区切り。
経営施策は「３年」で成果を出すことを考える。

計画達成までのロードマップはどう作成するか

長期ビジョンにおける最初の3年で会社が目指すゴールへの道すじ（中期計画）を社内外でグリップしたら、次はそこに到達するための**「3年計画のロードマップ」**を作成します。

このロードマップは、基本的には社内に向けて作成するもの。**営業、生産、企画、管理といったセクション別、さらには進行しているプロジェクト別に、向こう3年間で「いつまでに何を、どこまで達成するか」といった中期的かつ具体的な計画を設定する**ことになります。つまり「現状」と「目指すべきゴール」「ありたい姿」を決め、両者のギャップを埋めるための施策をスケジュールと組み合わせた計画表を作成するということです。あまり複雑にせず、**1枚のシート**に収まるくらいの、極力シンプルな書式にまとめましょう。

「よそ者社長」のための、
3年計画のロードマップ

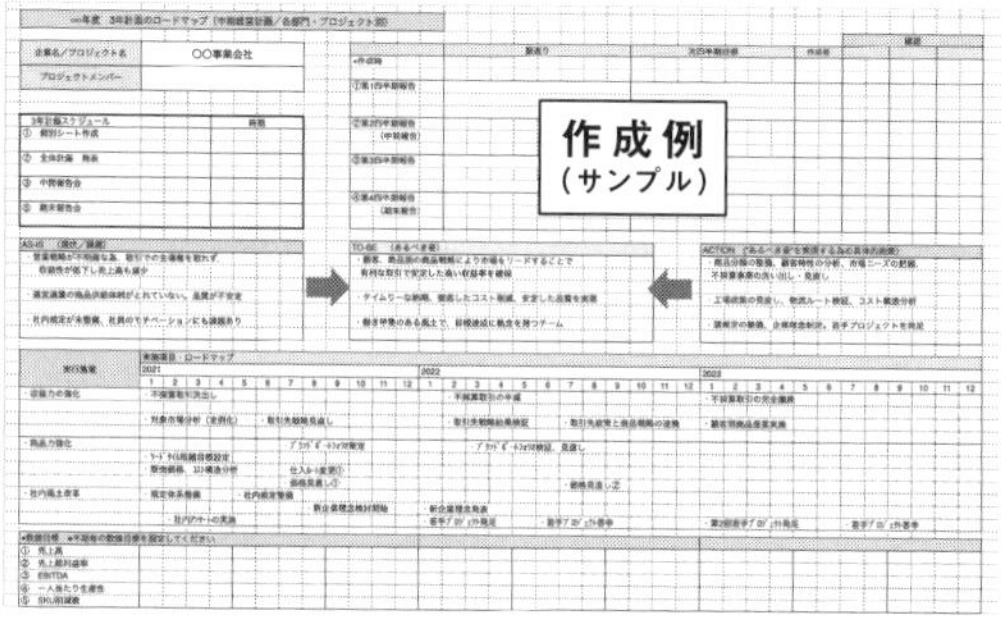

※詳しくは本書の巻末特典をご参照ください

こうしたロードマップは「四半期単位」の計画表にするのが一般的です。

まず経営陣で全社的な大きな流れをまとめたマップをつくり、それをベースにして各セクションが部門長を中心に個別の具体的なマップを仕上げていきます。

各セクションでは作成したロードマップに沿ってＰＤＣＡを回し、設定した計画について四半期ごとに、何が達成できて何が未達成か、予定通りのスピード感で進行しているか、どのくらいの遅れが出ているか、といったことをチェック。

状況によってはセクション内で見直しをかけ、アクションを変えながら、マップに掲げた計画の推進に取り組むことになります。

ここで注意すべきは、セクションごとの**ロードマップの進捗状況のチェックや見直し**については、社長がいちいち口を出さないことです。

常に全体を俯瞰して見るのが社長のスタンス。前述した「日繰りのお金」と同様、毎日1本1本の木を気にしてばかりで〝森を見ない〟状態に陥らないことです。

基本的には事業部長など部門責任者に任せておけばＯＫ。報告を受けて状況を把握しておくくらいでいいのです。

「よそ者リーダー」の心得

57

３年後のビジョン達成までのロードマップは四半期単位で作成。進捗状況のチェックは、事業部長に任せておけばＯＫ。

着任初日～100日

リーダーとして成功の芽をつくる

ロードマップをチェックするタイミングは？

では、社長による経営トップ視点でのロードマップのチェックは、いつ、どのタイミングで、何回くらい行えばいいのでしょうか。

あまり回数が多すぎるとマイクロマネジメントになって従業員にストレスがかかり、現場の士気を下げてしまいかねません。

また、そう頻繁に見直してばかりでは全体の方向性がブレブレになってしまい、計画が迷走する恐れもあります。

経営においては「朝令暮改は正しい」などと言われますが、3年という中期経営計画で見直しが多すぎると、計画そのものの信頼性が失われてしまう恐れもあるのです。

そうした意味で、経営トップによるロードマップ全体のチェックは、

①最初の四半期終了時
②半期終了時
③1年半後
の**3回がベスト**だと考えます。
さらに3つのタイミングごとに、ロードマップの何を、どうチェックするのかというポイントが異なります。以下にまとめてみましょう。

ロードマップ全体のチェック①最初の四半期終了時

3つの中で、**もっとも重要なタイミング**です。
中期計画開始後の**最初の四半期は、経営に取り組む上で非常に大きな意味を持つ"最重要期間"**になります。このタイミングでもっとも大事なのは人的能力を含めた**「会社の体力」を把握する**ことです。
会社の体力とは具体的には**「戦略立案能力」**と**「業務遂行能力」**のこと。
今のこの会社はロードマップに掲げた計画を全部こなせそうなのか、7割方は達成できそうなのか。それとも今の状態では半分もできそうにないのか、そもそもロードマップに手を付ける以前の問題が大きすぎるのか。第1章で述べた走るフォームを確認する時期になります。

さらに、部門長が張り切りすぎて非現実的な内容になっていないか。ロードマップに入力間違いや記入漏れなどが見つかってはいないか――。といったことを社長自身の視点で見極めます。

新規事業にせよ事業再生にせよ、ロードマップで掲げた計画や戦略のレベルと現状の自社体力とがあまりにかけ離れていては、経営がうまくいくはずがありません。この計画もできない、あの目標も達成できないというのでは、ロードマップそのものが実現不可能な絵に描いた餅で終わってしまいます。

自社体力を見誤ったまま計画を推し進めると、後になってから大きな軌道修正を迫られる恐れもあります。だからこそ、**最初の四半期という早い段階で、会社自体のポテンシャルを見極めておく**必要があるのです。

ロードマップ全体のチェック②半期終了時

半期が終了した時点では、策定したロードマップに対して、担当部門が主体的に状況を把握して修正の必要性を見出し、経営陣の判断を仰ぎながら状況に応じて見直しをはかります。

ロードマップは
3回チェックする

ロードマップ全体のチェックを以下のタイミングで行う

❶ 最初の四半期終了時
人的能力を含めた「会社の体力」を把握する

❷ 半期終了時
「実際にやってみてわかったこと」を中心に確認し、必要あらばマップに変更を加える

❸ 1年半後
自社を取り巻く外的要因を織り込みながら、計画の進捗や問題点などをチェックする

最初の半年間、ロードマップに沿って取り組んでみたらマップの内容が大雑把すぎた、スケジュールの組み方に無理がありすぎたなど、**「実際にやってみてわかったこと」を中心にチェックし、場合によってはマップに変更を加えます。**

これ以降は半期単位で、進捗状況を中心に確認していきます。

ロードマップ全体のチェック③1年半後

3年後というゴールまでの中間地点となる「1年半後」は、自社内の状況だけでなく**外的要因を織り込みながら計画の進捗や問題点などをチェック**し、俯瞰して見直しをはかるタイミングになります。

スタートから1年半近くも経過すると、ロードマップ策定当初とは社会情勢や市場状況、国際情勢といった外部環境が変わってきていることも多々あります。そのため、**外部環境の変化を踏まえた計画の見直しを検討**します。

よほど深刻な事態が発生したときを除いて普段の検証は現場に任せ、3つの節目で全体を俯瞰してしっかりチェックし、見直しをはかる。社長にはそうした一段上の総合的な視点が求められます。

「よそ者リーダー」の心得

58

経営ロードマップの見直しは、3年間で3回がベスト。大きな節目で全体を俯瞰してしっかりチェックし、見直しする。

リストラ案は「最初の四半期」で構想を固めておく

経営トップは時に苦渋の決断、後ろ向きの決断を迫られることもあります。

そのひとつが、**事業再生プロセスにおける「人員削減」**です。

事業再生を進めるにあたっては、組織のスリム化や事業の縮小、組織の再構築、コスト削減といった戦略が不可欠になります。

人員削減によるリストラはその手段のひとつですが、不要コストの見直しや配置転換、ワークシェアによる雇用の共有など、従業員の雇用を維持しながら生産性の改善をはかる道を十分に検討した上で選択される**最終手段**でなければなりません。

しかしながら、手を尽くしてもなお人員の最適化をはからなければ会社の存続が危ぶまれる事態に陥った場合、至し仕方なくリストラを選択しなければならないこともあります。

「会社に愛着がないから、すぐにリストラを考えるのだ」
「あの社長は従業員のクビを切るために来たのか」
〝よそ者社長〟が人員削減を断行するとき、こうした声に晒されることも決して少なくありません。

しかし、会社が存続できなければ雇用を維持することもできません。現実から目を背けて決断すべきときに決断せず、傷が大きくなりすぎて行き詰まってから、「やっぱり今すぐにでも人員削減しなければダメ」と気づき、そこからようやくリストラの準備を始めるようでは遅いのです。

先に、**経営施策に取り組む上で「最初の四半期」は大きな意味を持つ**と申し上げました。

会社の体力を見極め、経営陣や出資者との間で人員削減の必要性を検討する。そこで「不可避」と判断したら、そのための準備をスタートさせる。その時期については、**事業再生への取り組みの「最初の１００日間」がベスト**と考えます。

人員整理を伴うリストラは「決断、即実施」というわけにいきません。

労働基準法でも、従業員を解雇するには少なくとも30日以上前に解雇の予告をすることが義務付けられています。また、法的な手続き以外に退職金などの原資の準備も必要になります。ですからリストラ案については着任後100日間で固め、必要ならば、その段階から準備に着手しておくべきでしょう。

人員削減はする側にとっても非常につらいこと。誰だってできることならしたくありません。

でも会社の存続のために本当にやらなければいけないのなら、心を鬼にして早いうちから肚を決め、会社にとっての最善となる苦渋の決断を下さなければならない。

それもまた、**会社を預かる社長に求められる覚悟と責任**なのです。

「よそ者リーダー」の心得

59

事業再生における「人員削減」は最初の100日間が勝負。早いうちに準備をする。社長の覚悟と責任が問われる。

着任初日～100日

リーダーとして成功の芽をつくる

「小さな改革」で「小さな成功」を得る

社長を任された以上、「成果を出す」というリクエストには真摯に向き合わなければなりません。

ビジネスは結果を出してナンボ、実績をつくってナンボの世界です。

特に**事業再生や経営再建のミッションを託されて社長に着任した場合、早々に目に見える形での「経営改革の成果」を出すことが求められます。**

ただし気をつけなければいけないのは、スピードばかりを重視することです。

「四の五の言わずに、オレについてこい」

「オレの言う通りにやればいい」

「オレが決めるんだから、責任は俺が取る」

これらが通用する超人的なカリスマ経営者やオーナー経営者ならば、大きなリスクを取ってでもスピーディーに施策や改革を推し進めることは可能です。

しかし、その資質を持たない凡人かつ〝よそ者社長〟の場合はそうもいきません。大きなリスクを取る施策を進めるためには、周囲との関係を構築しながら**合意形成するというプロセスが必要**になります。成果を焦って「一か八かで、失敗したらごめんなさい」というわけにはいかないのです。

とはいえ何にも取り組まず、何の変化も起こせず、ただ時間だけが過ぎていくのでは、「能力のない人」という印象を持たれるだけ。やはり、そこにはチャレンジと成果が求められます。

だからと言って、いきなりホームランを狙って大振りしても、当たれば大きいけれど、その分、空振りするリスクも高くなります。それよりも最初は「小さな成功」というシングルヒットを重ねて得点に結びつけていくほうがいいでしょう。

のっけから〝大ナタ〟を振るって一気に施策を推し進めるのではなく、まずは「ちょっとした改革」に取り組んで、その成果をひとつずつ積み重ねていく。

小さくても目に見える変化をもたらして、「少しずつだけど、会社が変わり始めて

いる」と社内に実感させることが重要なのです。

そして、その「小さな成功」をつくるタイミングの目安もやはり、着任してから最初の100日間がベストです。

その間に、比較的**すぐに成果が出る身近な施策や改革に着手**し、そこで小さくていいから何かしらの成功を得る。まずは身の丈に合ったアプローチで**「小さくても成功した経験」**を積み重ねていく。そして、その成功体験を分析し、その成功体験から学びながら、次の大きな改革へとつなげていく（具体例については、次節で紹介します）。

「よそ者経営」の極意は、こうした地道な戦術を着実に実践することにあるのです。

「よそ者リーダー」の心得

60

小さくても目に見える変化をもたらし、成功体験をつくる。「少しずつ会社が変わり始めている」ことを実感させていく。

小さな改革も強引に進めず、ていねいに説明する

これは私の知人の話ですが、彼がある会社の社長に着任して最初に行ったのは**「社内の接客スペースの整備」**でした。

着任前に会社を訪れたときから気になっていたようで、「お客さまにていねいな対応ができるつくりになっていない。まずはここから手を付けよう」と、それ相応のお金をかけて接客スペースを改装したそうです。

そのとき彼は、ただ「直せ」という社長命令を下したのではなく、

「私のこれまでの仕事の経験から、『お客さまを迎える側はこういう意識を持つべき』という信念を持っています。だから直してほしい」

と**具体的な理由と自分の考え方をていねいに伝えた**そうです。周囲も納得し、反発も異論も出なかった上に、**自分の経営方針までも社内にしっかり伝わった**のだとか。

「小さな成功」が「大きな効果」となって、後の経営にもプラスの影響をもたらしたという理想的なケースと言えるでしょう。

一方で、周囲の意見も聞かず、自分の考え方も伝えず、「私が気に入らない」というだけで「あれを直せ、ここを変えろ」と命令して一気に社内の大反発を買ったという正反対の話もあります。

人は基本的に、**「変化を嫌う」**という心理を持っています。

そのため、**たとえ小さな成功のための「小さな取り組み」であっても、既存のシステムを変えるとなると、多かれ少なかれ反発の声が出てくるもの。**

カリスマ経営者ならばいざ知らず、〝よそ者経営者〟がそこでいきなり強権を発動しても反発分子を増加させるだけ。その分子は後の抵抗勢力になってしまいます。

着任早々のタイミングでは、まだ現場の従業員とはコミュニケーションが取れていないかもしれません。それでも、**少なくとも会社の主要メンバー（管理職もしくは上級管理職以上の人たち）には、ていねいに説明するというプロセスが重要**なのです。

なぜ変えるのか。
なぜ変えなければいけないのか。
自分はこういう考えや信念のもとに、こう変えようと考えている。
ここを変えることで、会社はこう変わる。
変えなければ、こうなってしまう。

凡人だからこそ、小さな改革であっても、こうしたことを周囲に肚落ちしてもらうように、しっかりと説明する。
このプロセスを厭わずにコツコツと積み上げた「小さな成功」が、**やがて大きな成功と変革につながる**のです。

「よそ者リーダー」の心得

61

「社内の接客スペースの整備」のような小さな改革でも、やる理由と自分の考え方をていねいに伝える。

着任初日〜100日

リーダーとして成功の芽をつくる

複雑化した組織を、シンプルに整理する

最初の100日間という限られた期間で、**比較的手を付けやすく、目に見える成果を出せる取り組みのひとつに、「会社組織のシンプル化」が挙げられます。**シンプル化とは、会社の組織図を見て明らかに複雑化している部分、肥大化している部分を解消するということです。

会社組織というのは、年月を積み重ねて成長したり規模が拡大したりすると、**徐々に複雑化していく**ものです。

人事処遇のためのポスト増で、ひとつの部に部長が2人も3人もいたり、意味のよくわからない肩書を持った人が大勢いたり。M&Aで企業や事業部の併合があった際に「とりあえずそのまま残しておいた部署」もよく見かけます。

こうした**組織の複雑化は、経営にとって大きなマイナスになります。**

なぜなら、構造やシステムが複雑になればなるほど業務は非効率化し、問題点やリスクの予兆なども見えにくく、共有しにくくなってしまうからです。

組織の仕組みをシンプル化することで社内の意思疎通が円滑になり、業務の無駄や停滞も軽減。それが事業全体のスムーズな進行にもつながります。


ただ厄介なのが、長く会社の中にいると、自社の組織が複雑化していることに気づきにくくなるという点です。

逆に言えば、**新たに着任してすぐの〝まっさら〟な状態のときにこそ、組織の複雑化による歪みや〝違和感〟がもっともよく見える**ということ。まだ会社のシステムに染まっていない「最初の１００日」は、複雑化の解消に手を付ける絶好のチャンスなのです。


社長として新しい会社に着任したら、まず何の前情報も持たずに、**その会社の組織図を俯瞰**して眺めてみてください。

そのときに「ここ、変じゃない？」「どうしてここだけこうなっているの？」とい

う **〝違和感〟を覚えたら要注意**です。私の経験上、その違和感の先にはたいてい何か組織運営上の問題があると思っていいでしょう。

とはいえ、いきなり従来のシステムをすべて破棄して新たに構築し直すような大改革を断行する必要はありません。まだ、そこまでのホームランを狙わなくていい。

この段階ではまず、

「この部には部長のほかに部長代理が2人もいるけど、これでは指示系統がブレるから部内構造を考え直そう」

「ひとつの部門にコストセンターとプロフィットセンターが入っているけど？」

「営業管理に生産管理、業務管理と管理担当が多すぎない？」

「部下がいないのに課長ポストがあるの？」

といった部分的な修正について「ここは直します」と宣言し、スピーディーに進めていけばいいのです。

組織や人事のシステム改正は社長の専権事項であり、大規模で本格的な取り組みと業務フローの見直しには相応の時間をかけるべきです。

一方で、**早い段階に1つでも2つでも、象徴的な改善・改革に着手し、「社長として、おかしなところは積極的に変えていく」という社内アピールをすることも必要になります。**大きな組織改編を行う前の**象徴的な人事異動**として、例えば**「部下なし課長のいる部門を統合する」**といった手を打つこともできるでしょう。

たとえ部分的な改正であっても、社長が着任して1～2カ月で組織改正に手を付けたという事実だけで、社内には「今度の社長、やるな」という**ある種の緊張感**が生まれるもの。

〝よそ者経営者〟が求心力や信頼感を得て、強いリーダーシップを発揮するためには、**行動で「本気度」を見せることも非常に大事**なのです。

「よそ者リーダー」の心得

62

会社の組織図を俯瞰し、初見で感じた疑問や違和感をチェック。着任1～2カ月で組織改正に手を付け、「本気度」を見せるのだ。

着任初日～100日

リーダーとして成功の芽をつくる

これまでの〝負の遺産〟を処理する

何年も前から問題視されていながら解決に至らず、いまだに〝継続審議〟として先送りを続けている――そうした**「負の遺産」を抱えている会社は意外に多い**もの。

社内事情に染まっていない社長着任直後の100日間は、その継続審議を終わらせて負の遺産の先送りループを断ち切る「絶好にして唯一のチャンス」でもあります。

ここで「もう少し会社に慣れてからにしよう」と目を背けると、結局、自分の在任中には解決できず、また先送りすることになってしまうでしょう。

逆に、この**ワンチャンスを逃さずに負の遺産を解消できれば、後の経営計画も推し進めやすくなります。**

会社にとっての「負の遺産」となり得るのは、主に**「不良在庫」**や**「隠れ債務」**といった問題です。

例えば、倉庫に放置されてきた不良在庫を、このタイミングで一掃処分する。

自分が製造や仕入れを決断し、相応の資金を投入した商品の在庫を処分するのは誰でも心苦しいもの。でも、言い方はよくありませんが、他人がつくった商品の在庫なら、そこまでの思い入れもなく**シビアに処理できる**はず。

不良在庫は倉庫に置いておくだけで少なからぬコストになります。着任直後のフラット&シビアな目で在庫を見直し、不要なものは「えいや！」と処理してしまいましょう。同時に在庫管理業務そのものも、このタイミングで見直しやテコ入れするといいでしょう。

また、着任前には教えてもらえない「都合の悪い会社情報」の筆頭であり、着任後に直面する「聞いてないよ」の代表格が「隠れ債務」つまり**「簿外債務」**です。

例えば、新社長として経営を引き継いだ後に、多額の未引き取り在庫や原料・仕掛段階で在庫を持たせているといった「簿外債務」が発覚し、その処理に頭を悩まされる——これなども絵に描いたような「負の遺産」の継承パターンです。

そうした簿外債務もすべてを明らかにし、後回しせずに、関係各所とも合意の上でデッドラインを決めて順次処分していかなければなりません。税理士さんや会計士さん、場合によっては弁護士さんと一緒に処理していく必要があるかもしれません。

ほかにも、**権利関係の未払い**といった「負の遺産」もあります。

例えば、自社ホームページにアップしている公式動画のＢＧＭに使用した楽曲に関する権利処理をしていない（使用料を払っていない）といったケースです。

最初は「このくらいなら問題ないだろう」と思っていたけれど、今はきちんとした手続きが必要だと認識している。ただ、もう長年使っているから、今さら申請すると〝藪蛇〟になって、過去にさかのぼって請求される可能性もある。そうするとかなりダメージが大きい。だから、指摘されるまでこのまま知らないフリをしてしのいでいる——これも立派な「負の遺産」です。

こうしたコンプライアンス違反的な負の遺産は、いつ爆発するかわからない大きな爆弾のようなもの。

「ここで正直に対応したら会社がつぶれるかも」なんて言っているうちに、あるとき急に大量の訴状が届く、といった最悪の事態も考えられます。

今まで大丈夫だったから――ではなく、多少の傷を負ってでも、気づいたときにすぐ着手して処理しておく。こうした**会社の存続そのものに関わる危険な負の遺産こそ、着任して事情を知ったら即、対応が必要になります。**

会社を受け継いだ以上、ずっと先送りされてきた負の遺産は自分の代で処理して、マイナスからではなく、「ゼロ」から新たに経営をスタートする。社長という立場にはその覚悟も必要です。

「よそ者リーダー」の心得

63

「不良在庫」や「隠れ債務」などの「負の遺産」を処理する。気づいた「今がワンチャンス」と捉え、すぐに着手を。

着任初日〜100日

リーダーとして成功の芽をつくる

勉強会の一環として〝仮のチーム〟を設置する

経営のビジョンを社内に行き渡らせて一体感を醸成するために、**着任から100日の時期に、信頼のおける〝腹心のチーム〟をいくつかつくる**ことをおすすめします。

ただし、まだ本格的な人事異動を伴った独立部署としての**〝社長直轄のプロジェクトチーム〟にはしないこと**。いずれはつくることになるとしても、着任直後は前述の通り、組織のシンプル化のほうを優先すべきです。この段階では、新たな部門、しかも「社長直轄」という**権限が微妙な部門の新設は避けたほうがいい**でしょう。

ここで申し上げるのは、現状の組織図をいじらず、**担当業務との兼任**という形で社員を選抜して構成する**勉強会の一環として**の、いわゆる「ジュニアボード」のようなチームの結成ということです。

複数の「ジュニアボード的なチーム」を機能させておけば、専従メンバーによる社長直轄の「改革プロジェクトチーム」の前身にもなりえます。

まず核となるのが、**役員や管理職などの幹部社員で構成する「経営改革チーム」**。ここでは、会社の理念やビジョンの策定や検証、社全体としての経営改革案などを議論します。経営陣だけでなく、状況に合わせてさまざまな人材を招集する**柔軟さ**も必要です。

私が最初に社長の役職に就いたときも、早いタイミングでそうした経営改革チームを立ち上げました。役員から課長クラスまで、部署や世代の垣根を越えた混合メンバーが定期的に集まり、経営改革に向けて忌憚のないディスカッションをしたものです。

このチームの立ち上げにより、**メンバー（特に部課長）がトップの意思をより具体的に共有できたことには非常に大きな意味がありました。**

彼らの中に**「自分も経営に参加している」という自覚が生まれ、さらには彼らを介して現場の従業員にも経営トップの意思を広く浸透させることができた**のです。そのメンバーは後々、会社の経営を支える中心的な存在になってくれました。

「社長はこう考えていて、そこでこんな議論をして、こういう理由で決めた方針だから、みんなで実現に向けてがんばろう」――経営陣と現場をつなぐ部課長がこうした意識を持ってくれると、経営改革にもよい影響が出てきます。

さらに「経営改革チーム」とは別に、**若手・中堅層の社員によるチーム、支社や事業所などの製造・物流拠点ごとでつくるチームといった、より現場に近いチームもいくつか立ち上げたい**ところです。

チームの目的は、現場の要望や提案を吸い上げて、経営改革や活性化に活かすことにあります。チームと言っても大人数は要りません。会社規模にもよりますが、**ひとつのチームにメンバーは5〜6人、というのが現実的**でしょう。

設置当初は、社長も極力それらのミーティングに参加。もし参加できないときは議事録のチェックやリーダーからの報告によって、ミーティングの内容を把握しておきます。ただし、**あくまで社長はオブザーバー**というスタンスを崩さないこと。現場の声を社長がいちいち否定したり、反論したり、問い詰めたりしていては、チームをつくった意味がありません。

こうした現場に近いチームでは、**誰をメンバーに選ぶかも重要**になります。

押しが強くて声の大きい者や自ら立候補した者など、偏りがないよう、あくまでも「チーム」で力を発揮できる人材を冷静に選ばなければなりません。

おもしろいもので、「すごく優秀」「キレ者で仕事ができる」といった人ばかりを集めてもチームはうまくいきません。ベテランならではの知見を持つ者、声高に主張せず黙々と業務に打ち込む者など、年齢・性別・国籍等**多様な人材の集まりのほうが機能する**のです。

時に思わぬ人に経営者人材としての資質を見出すことも少なくありません。こうしたチームの活用には、次の世代の経営者人材を見つけ、育てることも期待できるのです。**新たな「企業理念」「クレド」の制定**をこのチームの最初のゴールにしてもいいでしょう。

任された経営改革を推し進めるためにも、将来的に経営を託せる人材を見出すためにも、着任100日間での腹心のチームづくりをぜひ実践していただきたいと思います。

「よそ者リーダー」の心得

64

「経営改革チーム」「若手・中堅層チーム」など、早い段階で信頼のおける〝腹心のチーム〟を、いくつか立ち上げる。

おわりに 「よそ者リーダー」のゴールは、バトンを渡すこと

「吉野、もう後は任せていい？」

当時の福助株式会社の社長であり、伊勢丹時代には同期でもあった藤巻幸夫（故人）からこう切り出されたのは、私が福助に入社してまだ1年弱しか経っていない頃のことです。当時の私は半年前に副社長に就任したばかりで、ようやく会社の取り仕切りがわかってきた、という状態でした。

そもそも藤巻自身が社長に就任してから2年に満たない時期で、経営再建の成果を生み出すのもこれから、という段階での突然の〝後継依頼〟だったのです。これにはさすがに驚かされました。

藤巻といえば、カリスマバイヤーとして名を馳せ、当時は〝時代の寵児〟と呼ばれていました。

ただ、私から見た彼は「経営者」としての役割以上に、会社や組織を元気づけるい

わば「エナジャイザー」として類を見ない秀でた力を発揮した稀有な人物でした。福助では短い在籍期間で社内を大いに活性化させ、「ポジティブで元気な会社」という企業イメージを世間に浸透させることに成功。社長を退任した後も活動の幅を広げ、さらに大きなスケールで地域や国を元気づけ、活躍し続けた——まさしく「世紀のエナジャイザー」でした。

その彼が、副社長に就任してまだ半年という私を次期社長に指名し、経営に関する仕事を次々と〝委嘱してくる〟——。

今、振り返ってみれば、彼は就任からわずか2年間ですでに、経営者としてのゴールにたどり着いていたのでしょう。

組織を任された「よそ者リーダー」にとってのゴールとは何か——。

それは**「後継者に任命できる人材が育って、経営をバトンタッチすること」**です。社長として経営再建を託されて着任したのなら、「業績が回復して黒字経営になる」こと。新規事業の立ち上げを任されたのなら、「その事業が無事にスタートし、軌道に乗って収益が上がるレベルまで成長する」こと。こうした課せられたミッションの達成も、ゴールのひとつであることは言うまでもありません。

ただ私は、**「会社経営の最大の目的は、会社を持続的に存続・発展させ、働く者を不幸にしないことにある」**と考えています。だとすればミッション達成はもちろん、その**達成がもたらした成長や発展を持続させることと**も重要になります。

外部から着任した〝よそ者〟は、**その会社に骨を埋める覚悟を求められながら、一方では「期限付き契約」という立場であること**を意識しておく必要がある。私はそう考えています。会社員リーダーも、定年があるので同様でしょう。

期限付きである以上、いずれリーダーのポジションから離れるときがやってきます。そのときのためにも、自分に課せられた目の前のミッションの達成に取り組むと同時に、後を託せる人材を育成しておかなければなりません。

信頼のおける後継者に自分のバトンを渡すフェーズにまでたどり着くこと――それこそが、「よそ者リーダー」が目指すべきゴールなのです。

そのためには当然、後継者たり得る人材を見つけて育成しなければなりません。ここでも、リーダーには「人を見る目＝人材洞察力」が求められます。

私の場合、後継者人材を探す際にもっとも重要視するのは「バランス感覚」です。

- 営業、生産、管理といった職種への理解やスタンスというバランス

- 儲ける商売と、薄利であっても意味のある商売とのバランス
- ベテラン社員と新たに加わった社員のバランス、アグレッシブな人材とディフェンシブな人材とのバランス
- 売り手と作り手のバランス、安定志向と成長志向のバランス

同じ組織にあっても分野や位置付け、目指すべき目的などが異なれば、ルールや考え方、価値観なども違ってきます。組織全体の舵を取るリーダーに求められるのは、「二律背反」的なファクターを冷静に調整できる**バランス感覚**なのです。

組織の統率を任せられる後継者には何より、人工知能には決して成し得ない（と思われる）絶妙な「経営センス」をもって、あらゆる分野をバランスよく見渡せる能力が求められるのです。

社内で後継者候補と目された人材が、分野の異なる部署への異動が多くなる傾向にあるのはそのためです。営業だけでなく企画も、管理も、生産も。時には労務担当として従業員と向き合う経験をさせる、子会社に事業部長などで出向させて〝プチ経営者体験〟を積ませるケースもあります。

「分野を超えた人事異動が多い人は出世コース」と言われるのは、経営者人材はジョ

ブローテーションによって社内の主要部署をひと通り経験して会社の全体像を把握し、バランス感覚を身につけることが不可欠ゆえ、なのです。

今後、著しい変化に対応できる柔軟な組織運営や多様性が求められるサステナブルな経営が求められる時代には、〝よそ者〟は、さらに有利になるでしょう。リーダーにとって「よそ者」や「凡人」という境遇をハンディと考える必要などありません。むしろ、

〝よそ者〟だからこそ可能な組織運営がある。
凡人にしか発揮できないリーダーシップがある。
〝よそ者〟や凡人ゆえに、到達できるゴールがある。

そう、ポジティブに捉えるべきなのです。

アウェーの地に身を置き、強い覚悟を持って大きな責任に向き合ってきた取り組みや成果を〝一過性のもの〟で終わらせないために。自分が去った後も組織が成長し発展できる、サステナブルな事業運営体制を構築するために。

人材を育て、組織を育て、未来を託すに値する資質を持った次世代の後継者を見出してバトンを渡す。決して簡単なことではなく、私自身、すべてにおいてやり遂げられたかと問われると、そうだとは言い切れません。今もなお腐心しています。

しかし、このゴールへの到達こそが、「よそ者リーダー」の仕事の集大成であり、喜びであり、やりがいであり、何よりも縁あって任された組織への最大の置き土産になるのだと思います。

突如、リーダーになって組織を任され、不安を抱えている〝ごく普通のビジネスパーソン〟のみなさん、同じ経験をしてきた者として、心からエールを送ります。

本書がわずかでも、みなさんへの励ましや後押しになれば幸いです。

自分の経験や失敗、学びを思い起こして整理し、文章に落とし込む。本書を執筆するためのこうした作業は、今一度、自分自身と向き合う貴重な機会にもなりました。

そして、これまで多くを学ばせていただいた経営者の方々との出会いこそが、私という人間の最大の糧となっていることに改めて気づかされました。感謝に堪えません。

最後に、私をサラリーマンから経営の道へ誘って（引きずり込んで？）くれた仲間たち。経営者として後任に指名してくれた同期。未熟な私を見捨てず、いつでも適切なアドバイスをくださる経営の師。そして、ものの見方の基礎を植え付けてくれた亡き父に心より感謝します。ありがとうございました。

また本書の出版にあたって、不慣れな私に常に適切なアドバイスをくださったダイヤモンド社の和田史子編集長、フリーライターの柳沢敬法さん、フリーランスのＰＲの斉藤邦子さんにもお世話になりました。ご協力ありがとうございました。

２０２１年５月

吉野　哲

［著者］
吉野 哲（よしの・さとし）
1958年生まれ。中央大学経済学部卒業後、1982年伊勢丹（現・三越伊勢丹）入社。バイヤー職を経て、1996年伊勢丹グループのファイナンス子会社に経営企画の担当課長として出向。2000年に伊勢丹を退社。サザビー（現・サザビーリーグ）に移り、大型専門店事業のエストネーション設立に参画、有楽町店、六本木ヒルズ店等、複数店舗を展開。
2004年5月に経営再生中の福助に招聘され、同年10月に取締役副社長就任。2005年4月から、前任藤巻幸夫氏の後任として、代表取締役社長を10年間務める。在任期間中には、コラボレーション・ブランドの立ち上げや直営店の出店を加速し売上を拡大、事業を安定化。また中国に福助（上海）商貿有限公司を設立、2006年11月にはカネボウストッキングを、2015年4月にはユニチカバークシャーをグループに迎え入れるM&Aを実施した。
2013年12月、福助は株式交換により豊田通商の完全子会社となる。
2015年福助社長退任後、同年6月より東証一部上場の染織加工会社・ソトーの社外取締役に就任（現職）。同年7月にはタオル美術館グループのグループ会社の代表取締役社長に就任し、2019年まで務める。
その後、個人事務所「吉野事務所」を設立。大手企業とその関連企業、起業、企業再生、M&A、事業承継等、さまざまな現場に関わり続け、2021年からはベンチャーキャピタルが出資する企業の経営に参画し、現在に至る。本書が初の著書となる。
2014年度中央大学大学院戦略経営研究科客員教授
2019年度中央大学商学部客員講師

「よそ者リーダー」の教科書

2021年 5 月18日　第 1 刷発行

著　者――吉野 哲
発行所――ダイヤモンド社
〒150-8409　東京都渋谷区神宮前6-12-17
https://www.diamond.co.jp/
電話／03･5778･7233（編集）　03･5778･7240（販売）
編集協力――柳沢敬法
協力――斉藤邦子
カバーデザイン―山之口正和(OKIKATA)
本文デザイン――山之口正和＋沢田幸平(OKIKATA)
本文DTP――桜井 淳
校正――鷗来堂
製作進行――ダイヤモンド・グラフィック社
印刷・製本――勇進印刷
編集担当――和田史子

ISBN 978-4-478-11056-0